Dionysos

狄奥尼索斯

Richard Seaford

[英]理查德·西福德 著 朱生坚 译

西北大学出版社
·西安·

项目支持

重庆市研究生教改重大项目
"双一流"背景下"古典语文学"课程体系建设与实践：
以重庆大学为例（yjg181001）

重庆大学"双一流"学科重点建设项目
"外国语言文学一级学科水平提升计划"

丛书中文版序

"去梦想不可能的梦想……"

什么是神?传说,出生于古希腊凯奥斯岛(Ceos)的诗人西摩尼德斯(Simonides),曾在公元前6世纪受命回答过这个问题。据说,一开始,他认为这个问题很好回答,可思考越久,他越觉得难以回答。若当初果真有人问过他这个问题,我也不相信他曾经给出了令人满意的答案。当然,这个传说很可能是后人杜撰的。但是,关于西摩尼德斯及其探求规定神性构成要素的传说,可追溯至古代,表明关于定义"神-性"有多难甚或不可能,古人早就心知肚明。

本丛书试图处理的正是西摩尼德斯面对的问题。丛书采取的视角不是作为宽泛概念的"神"或"神性",而是专注于作为个体的神圣形象:对于这些神祇和其他存在者,丛书将其置于"诸神"和"英雄"的总体名目之下。

丛书始于一个梦——这个梦符合一位对难以捉摸的超自然

存在者感兴趣的人。做这个梦的人，就是劳特里奇出版社前编辑凯瑟琳（Catherine Bousfield），她在2000年前后的一个夜里做了这个梦。凯瑟琳梦见她正在看一套丛书，每本书的研究主题是一位"奥林波斯"神，作者是研究这位神祇的专家。醒来后她确信，世上一定已经有了这样一套丛书——她肯定在哪里见过这些书，或在某家书店的橱窗里，或在某家出版社的书单上。但在查询书单和询问同事后，她才逐渐意识到，这套丛书并不存在，而只存在于她的梦中。

当凯瑟琳与其他人，包括主编理查德（Richard Stoneman）分享她的梦时，得到的回应都一样：这套书应该已经有了。理查德和凯瑟琳朝着实现这个梦前进了一步，他们问我是否有兴趣主编这样一套丛书。我"毫不迟疑"地接受了邀请，因为当时我正在研究一位特殊的古代神祇雅典娜，以其作为探索古代文化、社会、宗教和历史的工具。我欣然承担了此项任务，并开始为拟定的书目联络资深作者。我的邀请得到的回复都是满满的热情和"我愿意（yesses）"，他们都表示有兴趣撰写某一本书，然而——尽管所有人都确信这套丛书是"好事"，可将诸神和英雄作为独特对象来研究的做法，在学术界到底已经过时了。

当时学者的兴趣，大多在于古人在宗教事务上的作为——譬如，他们举行仪式时，以及在献祭活动中的做法——对这种崇拜的接受者，他们都没有多大兴趣。在为更"普通的"读者撰写的文学作品中，情况则全然不同，有些极好的"畅销书"和"咖啡桌边书"，展现了个别神祇与众不同的特点。我主编这套书的目的，就是要将处在学术边缘的诸神引入中心。

诸神在学者中失宠有一个原因，就是认为独特实体不是学术研究的可行主题，因为——尽管"畅销的"文学作品可以传达此主题——毕竟世上没有一样事物就是某一位神或英雄的某种"曾经之所是"。无本质要素，无连贯文献，无一致性格。相反，在艺术家和著作家笔下，任何一位神都呈现出千姿百态。每个群体都以截然不同的方式构想诸神，连每个家庭也是如此。的确，每个人都能与一位特殊的神建立属己的联系，并按照其特殊生活经验来塑造他。

在更早期阶段，学术界以一个假设作为出发点：每个神都具有其自己的本质和历史——对他们的宗教崇拜，的确千变万化、捉摸不定，尽管古代的多神教并不就是真正的多神教，在任何意义上也不存在多不胜数的神祇。古代宗教好像是由一组一神教构成的——这些一神教平行而不以任何有意义的方式相互重叠，就像对于古希腊人而言，有一个"宙斯宗教"，有一个"雅典娜宗教"，有一个"阿芙洛狄忒宗教"，如此等等；地中海和古代近东的其他文明中的宗教也是如此。譬如，对于罗马人而言，可以有一个"朱诺宗教"，也有一个"马尔斯宗教",如此等等;在苏美尔人(Sumerians)当中,有一个"伊南娜宗教(Inanna religion)",有一个"恩基宗教(Enki religion)",有一个"马耳杜克宗教(Marduk religion)",如此等等。

这套丛书并不试图回到这种过于单一地理解古代诸神的方式。这种观点出自一种一神教,这是犹太 - 基督教看待古代宗教的方式。相反,这套丛书试图迎接挑战,探究一种宗教观念模式,其中的诸神内在于世界,诸神可以无处不在处处在,而且往往不可见,有时候也会现出真容。

丛书传达了如何描述诸神才对人类有益的方式,他们描述诸神的典型方式就是将其描述得像人类一样——拟人化,具有人类的形象和行为方式。或者,如丛书所记录的那样,人们也会以非人类的动物形象或自然现象来设想诸神。譬如,阿芙洛狄忒,她常被描绘为伪装成一个女人,有理想的体形,带有一种特别令人渴望的女性美,但也以石头的形象受到崇拜;或如雅典娜,她能够显现为一个披甲的女人,或显现为一只猫头鹰,或显现在橄榄树闪烁的微光中,或显现出一道犀利的凝视,作为 glaukopis［格劳考皮斯］:意为"眼神犀利的",或"眼神闪耀的",或"灰眼的",或"蓝绿眼的",或"猫头鹰眼的",或就是"橄榄色眼的"。可能的译法之广泛本身就表明,有不同方式来传达古代表现任何神圣事物的某种特点。

总之，诸神能够无处不在，也被认为变化多端，但也仍然能够清晰地被描述。丛书的另一个目标，就是要把他们当成截然不同的实体来把握，而且任何对显而易见的连贯性的观察，都需要以违背分类一致原则的宗教实体为背景。这也正是他们何以是诸神的原因：这些存在者能够具有表象，也能够活动在人类的世界中，但他们却是具有力量和魔力的实体，他们能显现，也能消失不见。

尽管现代西方人将诸神——或上帝——理解为超验全知和道德正直，他们也常常为诸神故事中所记述的行为震惊：他们会背叛其他神，会虐待其他神，也会表现出妒忌，甚或有杀婴和弑亲这样的恐怖行为。

古代诸神只是看似为现代西方人所熟悉。由于基督教扎根之后所发生的事情，古代诸神不再受到崇拜。在全然不同的宗教观念模式下，那些形象能够安插进基督教化了的德性观念之中，继续发挥重要作用。

与此同时，他们不再被视为真实的存在者，这些形象中很多变成了文化作品的主流——譬如，在艺术中，在"高级"和"低级"文学作品中，还有在音乐中，从古典音乐伟大时代的歌剧，到摇滚乐队"安提戈涅放飞（Antigone Rising）"，再到流行艺术家嘎嘎小姐（Lady Gaga）以维纳斯的形象出场；几年前，还有一位流行歌星米诺（Kylie Minogue），扮作维纳斯的希腊对应者阿芙洛狄忒。或者,从美国(嘎嘎)或澳大利亚(米诺)的西方流行音乐,到韩国流行音乐(K-pop),也都是如此:2019 年,韩国"防弹少年团(Korean boy band BTS)"成员,各自戴着某个古代神祇的面具(金硕珍扮成了雅典娜,闵玧其扮成了赫菲斯托斯,郑号锡扮成了宙斯。接下来,金南俊是狄奥尼索斯,金泰亨是阿波罗,朴智旻是阿耳忒弥斯——最后——田柾国扮成了波塞冬)。

与此同时,对于一代年轻人来说,赖尔登(Rick Riordan)的佩西·杰克逊小说系列(Percy Jackson novels),创造了一个希腊诸神曾经存在过的世界,他们以伪装和被遗忘的方式活过了数世纪。

诸神和英雄仍然是现代的组成部分,西方文化受益于数世纪的古典传统,现代人能够感觉到与他们熟稔。丛书的另一目标是记录这些世纪的复制和挪用——正是这个过程,使古代的阿芙洛狄忒们、维纳斯们等,被误认为堪比曾生活在凡人中间的存在者——甚至连佩西·杰克逊小说系列,也依赖于一种理解:每个神都是一个连贯的实体。

丛书中文版的新读者,也许恰恰能以从前的读者所不具备的方式来理解丛书中的诸神和英雄。新读者也许更能理解一个诸神内在于其中的世界——在这个世界中,对于古希腊哲人泰勒斯(Thales)而言,诸神"内在于万物"。古代诸神——尽管对于现代西方人如此不寻常——能够进入每个人的梦。可以认为他们寓居于自然之境，或寓居于他们自己的雕像中，或居住在他们自己的神殿中。可以视其为人类的祖先，甚或视其为获得了神性的人类。

古代地中海和近东的诸神与中国诸神的亲缘关系，更甚于其与当代西方人的关系，当代西方人虽然继续在刻画他们，却不认为他们是这个世界所固有的诸神。

中国诸神，与希腊、罗马、巴比伦等文明中的诸神一样，数量众多；他们的确可谓不计其数。中国诸神与古典古代的众神相像，却与后来犹太－基督教西方的一神教体系不同，中国诸神可以是男神或女神。每个神，都像古代西方人的诸神那样，活动在很多领域之中。譬如，丛书中文版的读者所理解的赫耳墨斯，可能就像中国的牛头（Ox-head）和马面（Horse-Face），他是护送刚死的人到哈得斯神领地的神；作为下界的统治者，哈得斯——丛书未来规划中一本书的主题——堪比中国神话中的阎王（Yanwang）；赫拉作为天界至高无上的女性统治者，其地位可以联系天后斗姆（Doumu）来理解。万神殿中的诸神，也是人类的祖宗。希腊神宙斯，尤其可以当"诸神和人类的父亲"来设想。其他诸神——如赫拉克勒斯（Herakles / Ἡρακλῆς），这位声名卓著的神——也可能从前就是人类。

我很荣幸能给大家介绍一系列古代形象——女性的、男性的、跨性别的、善良的、恐怖的——这些形象无一例外耐人寻味,扎根于崇拜他们、讲述他们故事的人民的文化中。

丛书中的每一本书,开篇都首先提出值得以一本书的篇幅来研究这个对象的原因。这个"为什么"章节之后的部分是全书的核心,探究古代刻画和崇拜这个对象的"关键主题"。丛书最后一章总结每个研究对象在后古典时代的"效应(afterlife)",有时候篇幅相对较短,如在《伊诗塔》(*Ishtar*)中;有时候则篇幅较长,尤其在《赫拉克勒斯》中,这是因为古代以降对研究对象的描述十分宽广。每本书带有注解的"参考文献",为读者指引深入研究的学术领域。

一言以蔽之,欢迎中国读者阅读"古代世界的诸神与英雄"丛书——欢迎你们来到一个由著作构成的万神殿。这些著作的主题是非凡而又多面的存在者,每位作者所要表现的就是他们的独特之处。此外,每位作者又都是其主题研究领域的专家,正如凯瑟琳所梦想的那样。

苏珊·迪西(Susan Deacy)

于伦敦

2023 年 1 月

(黄瑞成 译)

目 录

丛书前言：为何要研究古代世界的诸神与英雄？	007
插图目录	014
为什么是狄奥尼索斯？	001
一、介绍狄奥尼索斯	003
引子：狄奥尼索斯的统一性	003
狄奥尼索斯在现代世界为何重要？	004
狄奥尼索斯的前身	008
小结	017
关键主题	019
二、自然	021
引子	021
酒	022
安特斯节	025

植物	*032*
动物	*033*
小结	*036*

三、公共性 — 038

引子	*038*
荷马那里的狄奥尼索斯	*039*
狄奥尼索斯与城邦	*040*
赫菲斯托斯归来	*045*
狂欢队	*048*
公共性之间的紧张	*052*
公共性与独裁者	*055*
小结	*058*

四、显灵 — 059

引子	*059*
仪式与危机	*060*
欧里庇得斯《酒神伴侣》中的显灵	*062*
显灵与社会	*067*
公开显灵与私密显灵	*071*
小结	*073*

五、神秘崇拜 — 075

引子：什么是神秘崇拜？	*075*

最初四个世纪	078
古罗马时代的意大利	091
古罗马帝国	099
庆典与神秘	110
仪式、神话和另一个世界	113
小结	118

六、死亡 — 119

引子：神秘崇拜仪式与死亡	119
早期证据	120
地下世界的狄奥尼索斯	122
地下世界的狄奥尼索斯入会者	127
统一这个世界和另一个世界	131
狄奥尼索斯之死	133
小结	136

七、剧场 — 137

引子	137
戏剧起源	137
狄奥尼索斯戏剧	143
雅典戏剧是狄奥尼索斯式的吗？	148
狄奥尼索斯与公元前 5 世纪之后的戏剧	155
小结	164

八、心理学与哲学 165
引子 165
心理附体 165
哲学 173
肢解与灵魂 175
小结 186

九、基督教 188
引子 188
狄奥尼索斯与犹太人 189
《新约》 191
基督教之下的狄奥尼索斯 198
小结 204

狄奥尼索斯效应 205

十、古代之后 207
引子 207
文艺复兴时期的意大利 208
19 世纪的德国 215
小结 226

十一、狄奥尼索斯与金钱,彼时此时 227

拓展阅读	*236*
参考文献	*241*
索引	*242*
附录：古代世界的诸神与英雄译名表	*253*
跋"古代世界的诸神与英雄"	*268*

丛书前言：为何要研究古代世界的诸神与英雄？ *

> 正当的做法，
>
> 对于开启任何严肃谈话和任务的人而言，
>
> 就是以诸神为起点。
>
> ——德摩斯泰尼《书简》（Demosthenes, *Epistula*, 1.1）

古代世界的诸神和英雄是很多现代文化形态的构成部分，例如，成为诗人、小说家、艺术家、作曲家和设计师创作的灵感源泉。与此同时，古希腊悲剧的持久感染力保证了人们对其主人公的熟稔，甚至连管理"界"也用古代诸神作为不同管理风格的代表。譬如，宙斯（Zeus）与"俱乐部（club）"文化，阿波罗（Apollo）与"角色（role）"文化：参见汉迪（C. Handy）

---

* 2005年6月，英文版主编苏珊（Susan Deacy）教授撰写了《丛书前言：为何要研究诸神与英雄？》。2017年1月，她修订了"丛书前言"，并保留原题名。2021年11月，她再次修订"丛书前言"，并删去题名。中文版采用最新修订的"丛书前言"并保留题名，酌加定语"古代世界的"，以示醒目。——中文版编者按

《管理之神：他们是谁，他们如何发挥作用，他们为什么失败》（*The Gods of Management: Who they are, how they work and why they fail*, London, 1978）。

这套丛书的关注点在于：这些古代世界的诸神和英雄如何又为何能够具有持久感染力。但还有另一个目的，那就是探究他们的奇特之处：相对于今人的奇特之处，以及古人感知和经验神圣事物的奇特之处。对主题的熟稔也有风险，会模糊其现代与古代意义和目的之重大区分。除某些例外，今人不再崇拜他们，但对于古人而言，他们是作为万神殿的一个构成部分而受到崇拜的，这简直是一个由成百上千种神力构成的万神殿：从主神到英雄，再到尽管具有重叠形象的（总是希望重叠！）精灵和仙女——每位主神都按照其专有装束受到崇拜，英雄有时会被当成与本地社群有关的已故个体。景观中布满了圣所，山川树木也被认为有神明居于其间。研究这些事物、力量、实体或角色——为其找到正确术语本身就是学术挑战的一部分——这涉及找到策略来理解一个世界，其中的任何事物都有可能是神。用古希腊哲人泰勒斯（Thales）的话说，亦如亚里士多德所引述的那样，这个世界"充满了诸神"（《论灵魂》[*On the Soul*, 411 a8]）。

为了把握这个世界，有帮助的做法可能就是试着抛开关于神圣之物的现代偏见,后者主要是由基督教关于一位超验、全能、道德正直的上帝的观念所塑造的。古人的崇拜对象数不胜数,他们的外貌、行为和遭遇与人类无异,只是不会受人类处境束缚,也不局限于人类的形象。他们远非全能,各自能力有限:连宙斯,这位古希腊众神中至高无上的主权者,也可能要与他的两个兄弟波塞冬(Poseidon)和哈得斯(Hades)分治世界。此外,古代多神教向不断重新解释保持开放,所以,要寻求具有统一本质的形象,很可能会徒劳无功,尽管这也是人们惯常的做法。通常着手解说众神的做法是列举主神及其突出职能:赫菲斯托斯/福尔肯[Hephaistos/Vulcan],手工艺;阿芙洛狄忒/维纳斯[Aphrodite/Venus],爱;阿耳忒弥斯/狄安娜[Artemis/Diana],狩猎;如此等等。但很少有神的职能如此单一。譬如,阿芙洛狄忒,她远不止是爱神,尽管此项功能至为关键。譬如,这位神也是 hetaira("交际花")和 porne("娼妓"),但还有其他绰号和别名表明,她还伪装成共同体的保护神(pandemos:"保护全体公民"),也是航海业的保护神(euploia[欧普劳娅],pontia[庞提娅],limenia[丽美尼娅])①。

正是有鉴于这种多样性,本丛书各卷书不包括每位神或英

---

① 在希腊语中,euploia 意为"安全航海女神",pontia 意为"海中女神",limenia 意为"海港女神"。——译注

雄的生平传记——虽然曾有此打算,而是探究其在古代多神教复杂综合体中的多重面相。如此规划进路,部分是为了回应下述关于古代神圣实体的学术研究的种种进展。

在韦尔南(Jean-Pierre Vernant)和其他学者建立的"巴黎学派(Paris School)"影响下,20世纪下半期,出现了由专门研究诸神和英雄,向探究其作为部分的神圣体制的转变。这种转变受一种信念推动:若单独研究诸神,就不可能公正对待古代宗教的机制;与此相反,众神开始被设想为一个合乎逻辑的关联网络,各种神力在其中以系统方式彼此对立。譬如,在韦尔南(J.-P. Vernant)的一项经典研究中,希腊的空间概念通过赫斯提亚(Hestia,灶神——固定空间)与赫耳墨斯(Hermes,信使和旅者之神——移动空间)的对立而神圣化:韦尔南《希腊人的神话与思想》(*Myth and Thought Among the Greeks, London*, 1983, 127—175)。但诸神作为分离的实体也并未遭忽视,韦尔南的研究堪为典范,还有他经常合作的伙伴德蒂安(Marcel Detienne),后者专研阿耳忒弥斯、狄奥尼索斯和阿波罗:譬如,德蒂安的《阿波罗,手中的刀:研究希腊多神教的实验进路》(*Apollon, le couteau en main: une approche expérimentale du polythéisme grec*, Paris, 1998)。"古代世界的诸神与英雄"丛书首批图书自2005年出版以来,在上文概括的研究立场之间开辟出了一个中间地带。虽然研究进路是以唯一又有所变化的个体为主题，作者们对诸神和英雄的关注，却是将其作为内在于一个宗教网络中的力量来看待的。

本丛书起初各卷中的"世界"，主要倾向于"古典"世界，尤其是古希腊的"古典"世界。然而，"古代世界"，更确切地说"古代诸世界"，已然扩展了，这是随着以伊诗塔（Ishtar）和吉尔伽美什（Gilgamesh）为主题的各卷出版，还有期待中以摩西（Moses）和耶稣（Jesus）为主题——以及古希腊的安提戈涅（Antigone）和赫斯提亚（Hestia）主题、古罗马狄安娜（Diana）主题的书目。

丛书每卷书都有三大部分，对其研究的主题对象作出了具权威性、易于理解和令人耳目一新的解说。"引子"部分提出关于这个神或英雄要研究什么，值得特别关注。接着是本卷书的核心部分，介绍"关键主题"和观念，在不同程度上包括神话、崇拜、可能起源和在文学与艺术中的表现。本丛书启动以来，后古典时代的接受日益进入古典研究和教育的主流。这一接受上的"革命"让我确信，每卷书包括一个放在最后的第三部分，用来探究每个主题的"效应（afterlives）"，极为重要。这样的"效应"部分有可能相对较短——譬如，《伊诗塔》一卷中的"后续效应（Afterwards）"一节——或较长，譬如，在《赫拉克勒斯》

(*Herakles*)中。各卷书都包括关于某个神或英雄的插图,并在合适的位置插入时序图、家谱和地图。还有一个带有注释的"参考文献",指引读者作更进一步的学术研究。

关于术语需要进一步作出说明。"诸神与英雄(gods and heroes)":丛书题名采用了这些阳性术语——尽管如希腊词 theos("god")也能用于女神,如此选择一定程度上也反映了古代的用法。至于"英雄(hero)",随着 MeToo 运动兴起,如今已成为一个性别中立的术语。关于纪元:我总是建议作者最好选择 BC/AD 而非 BCE/CE,但并不强求如此。关于拼写:本丛书中古希腊专名采用古希腊语拼写法,广为接受的拉丁语拼写法除外。

如我在 2017 年第二次修订这个"前言"时说过的那样,我要再次感谢凯瑟琳(Catherine Bousfield),她担任编辑助理直到 2004 年,正是她梦(取其字面意思……)到了一套关于主要的古代诸神和英雄的丛书,时间是 21 世纪初期的一个夜晚。她的积极主动和远见卓识,助力丛书直至接近发行。劳特里奇出版社的前古典学出版人理查德(Richard Stoneman),在丛书委托和与作者合作的早期阶段,自始至终提供支持和专家意见。我很荣幸能与继任编辑吉朋斯(Matthew Gibbons)在丛书早期阶段共事。艾米(Amy Davis-Poynter)和利奇(Lizzi Risch)

是我近年极好的同事。当我为 2022 年以后的丛书修订"前言"时，我要感谢利奇的继任者玛西亚（Marcia Adams）。我也要感谢丛书的诸位作者，正是他们帮助建构了理解每个神或英雄的方式，同时为促进关于古代宗教、文化和世界的学术研究作出了贡献。

苏珊·迪西（Susan Deacy）

伦敦罗汉普顿大学（Roehampton University, London）

2021 年 11 月

（黄瑞成译）

插图目录

（页码指原书页码）

图 1：阿提卡迪诺斯，索费洛斯绘制（页 17）

图 2：阿提卡双柄杯，埃克塞基亚斯绘制（页 19）

图 3：阿提卡双柄杯，马克隆绘制（页 21）

图 4：庞贝古城的神秘庄园的壁画（页 62）

图 5：阿普利亚蜗形搅拌碗，达列奥斯画师绘制（页 80）

图 6：塞浦路斯"永恒纪元宫"的马赛克镶嵌画（页 129）

图 7：《巴克斯与阿里阿德涅》，提香（页 137）

为什么是狄奥尼索斯?

Why Dionysos?

一、介绍狄奥尼索斯

引子：狄奥尼索斯的统一性

酒神狄奥尼索斯（Dionysos）的名字最初出现在三千多年前古希腊青铜时代的泥板上。因而他是我们延续至今的最古老的象征。

一个关于什么的象征？在各种各样的表现形式中，他并不是象征着同一个东西。普鲁塔克（Plutarch，公元1—2世纪）提到，他表现为很多形式（《道德论集》[*Moralia*]，389b）。别的神灵也是如此。除了名字之外，奥林波斯山上的宙斯（Zeus）与现身为蛇的宙斯有什么共同之处呢？又如，耶稣基督（Jesus Christ）对于乔治·W. 布什（George W. Bush），与他对于阿西斯的弗兰西斯（Francis of Assis）的含义，究竟能有什么共同点呢？

也许，在我们看来，与狄奥尼索斯有关的那些各种各样的活动和体验，彼此之间毫无关联。然而，其中有很多（尽管并非全部）实际上形成了一个整体。这也许会让浏览此书章节标题的人感到有些奇怪。例如，显灵（epiphany）与剧场，或者"公共性（communality）"与死亡有什么关系？我们用来划分自身体验的方式无法作出这种关联。但是，我们的划分是我们自己的时间和空间所特有的。别的文化，包括古希腊，以不同的方式划分事物。实际上，这些章节标题——后面将会看到——指向同一个实体的不同层面，而意识到这一点将会扩展我们对世界的体验。

4 狄奥尼索斯在现代世界为何重要？

在21世纪，为什么有人会对古希腊酒神狄奥尼索斯感兴趣？单单从互联网上，我们可以接触到上百种现存的宗教信仰，然而狄奥尼索斯崇拜，连同他所激发的迷狂（ecstasy），早就已经消亡。

但是狄奥尼索斯的消失引起一个疑问。以媒体为主导的消费主义，给我们造成心理上的碎片化和被操控的同质化，可能会产生一种强烈的需要，也就是对某种方式的超越的需要。这样一种需要，对于大多数人来说，不可能由制度化的宗教信仰得以满足，一定程度上是因为这种宗教信仰不可分割地编织在各种形式的社会控制之中，它们倾向于限制被控制者的道德和信仰的体验。而各种不同的宗教信仰习俗所提供的各种廉价的精神解放形式，也不可能满足这种需要。

想要从消费主义思维模式中真正解放出来，只能找到一个视角，由此认识到它的狭隘。而为了寻找这个视角，可以从过去找出大量资源，只不过不是从提供给现代消费者的那种碎片化的过去：真正的解放总是要求精神的专注。

当然，我并不是建议我们应该恢复狄奥尼索斯崇拜。毋宁说，狄奥尼索斯提供了一个视角，可以看到现代宗教信仰体验的狭隘，并且帮助我们去理解各种不同的社会如何倾向于产生不同形式的宗教组织和体验。有各种理由足以说明，针对我们自身的偏狭，为什么狄奥尼索斯比其他异域诸神更有助于提供这样的视角。

首先，当基督教在古代地中海世界扎根之时，狄奥尼索斯崇拜是它的竞争对手，传播范围最广，且根基深厚。因此，基督教会把它的福音书的革命性的伦理道德限定在社会控制所需范围之内，它既受到狄奥尼索斯崇拜的影响，同时也与之对立。

其次，在基督教获胜之前，狄奥尼索斯崇拜已然在有记录的古希腊历史上兴盛了千年之久，其核心始终是狄奥尼索斯的

5　　那种能量，可以在世界的三个领域——自然、人和神——之间的沟壑之上架起桥梁。人类诞生于自然，渴望神灵。狄奥尼索斯超越了这些基本的区隔，可以把个人的**身份转换**（*transform the identity*）为动物和神。正是通过他的在场，他把个人从其生活环境中解放出来。而在这些方面，狄奥尼索斯与基督教相对疏远、严肃的神形成对照。一个细微而又能说明问题的对照是早期的、固执的基督徒反对**面具**（*mask*），把它视为邪恶的。正是这种令人愉悦的身份转换，奠定了狄奥尼索斯在各个不同领域的重要性——尤其是在葡萄酒、神秘崇拜、地下世界、政治、剧场、诗歌、哲学，以及视觉艺术等领域。

　　实际上，与其他任何古希腊神灵相比，狄奥尼索斯更能满足一种现代需求。他一直都是某个重要事物的象征，而这种象征无法以任何其他方式得以如此有效地表达。例如，理查德·谢克纳（Richard Schechner）曾经导演了影响深远的《狄奥尼索斯在1969》（*Dionysus in 69*）在纽约的演出，他在一篇题为《迷狂的政治》（*The Politics of Ecstasy*，1968）的文章中写道，狄奥尼索斯"存在于今天的美国——现身于嬉皮士中，在黑人造反派的'狂欢精神（carnival spirit）'中，在大学校园中；甚至，改头换面，出现在郊区的庭院和起居室里"。在同样的传统中，亚瑟·伊文思（Arthur Evans）的《迷狂之神：性角色与狄奥尼索斯的疯狂》(*The God of Ecstasy：Sex-roles and the Madness of Dionysos*, 1988)是对狄奥尼索斯持久不变的祈祷，认为他体现了那些力量，我们需要它们来把我们的文明从军国主义、个人主义、无情的知性、对自然环境的贪婪破坏、男性主导的等级体系，以及对人的物化之中拯救出来。此书的结尾记录了加利福尼亚海滩上一场同性恋狂欢仪式中的"通过迷狂仪式达到对整体自我的肯定"。

狄奥尼索斯并非仅仅存在于美国反正统文化的稀奇古怪的实践行为中，甚至也——在弗里德里希·尼采（Friedrich Nietzsche，1844—1900）影响之下——存在于当代欧洲哲学精心构思的抽象概念之中，正如我们将在第十章结尾看到的那样。

当然，古代和现代的狄奥尼索斯之间大有不同。对于古希腊人而言，狄奥尼索斯被信奉为神，并予以崇拜。而在我们这个极为不同的世界里，尤其是自从尼采的《悲剧的诞生》(*Birth of Tragedy*, 1872)以来，他似乎只是某种精神状态的象征——或者，充其量而言，只是一个名称，用来表示产生那种精神状态的某种东西。狄奥尼索斯变成了狄奥尼索斯式（the Dionysiac）。然而，这也并非完全不可能：要求并且致使古人信仰狄奥尼索斯的那种精神状态，与继续保持狄奥尼索斯式、把它作为不可化约之象征的现代精神状态，这两者之间有部分的重叠。

狄奥尼索斯的前身

急于见到酒神本尊的读者可能会想要略过这一节。但是,在此对酒神的早期记录作出一番概述的原因在于,它们必然影响着我们在今天用来处理他的那些概念范畴。再者,无论它们彼此多么互不相同,并且不同于此书,这些记录全都不可思议地引人入胜。关于狄奥尼索斯,没有一本书是权威性的。

对狄奥尼索斯的现代研究始于尼采的《悲剧的诞生》,其中有狄奥尼索斯式的四个特征,设定了很多后续写作的议程。首先,尼采特别注重——尤其是作为狄奥尼索斯式的——雅典的悲剧。他这么做是否准确,取决于一个迄今仍在学者之间争论的问题,就是雅典悲剧的内容能否说成是狄奥尼索斯式的(参见第七章)。

其次,尼采强调**矛盾对立**(*contradiction*)。在古代,对狄奥尼索斯的描绘,时常表明他的双面性,或者是对立面的体现。尼采使之成为一个更为崇高和核心的特征:"在狄奥尼索斯状态中……那种矛盾对立(Widerspruch),生于痛苦的喜悦,从自然的核心宣告自身。"(第四节)狄奥尼索斯式的艺术家"与原初的统一体（the primal unity，［Ur-Eine］）及其痛苦和矛盾对立完全合为一体"（第五节）。

体验一种原初的**统一体**（*unity*）的观念为我们引出了第三个特征，即尼采所强调的**边界消融**（*dissolution of boundaries*）——尤其是人和人、人和自然之间的边界。

尼采把狄奥尼索斯式从历史中抽象出来，并把它置入一个**形而上**（*metaphysical*）的法则。例如，他描述说，在悲剧的起源中，有狄奥尼索斯式的（迷狂的无序）和阿波罗式的（个性化的有序）这两者的结合体，说它来自"希腊意志的一种形而上的奇迹"（第一节）。我会在第十章回到尼采这里。

从最初面世起，《悲剧的诞生》就因其学术性不足而被大多数专业的古希腊研究者拒绝接受。但是它从一开始就得到了尼采的朋友欧文·罗德（Erwin Rohde，1845—1898）的声援。后来，在他的《心理学》（*Psyche*，1894）中，罗德为尼采所专注的狄奥尼索斯式的迷狂**体验**（*experience*）提供了一个远较学术化的版本。尼采满怀激情地写到了狄奥尼索斯式的转换效果，人在其中"感到自己像一位神"，而罗德逐次列举了各种形式的狄奥尼索斯式的灵魂超升（包括把人认同于神）的**经验证明**（*empirical evidence*）。

罗德专注于死后的灵魂的诸种观念，这就引出了尼采所缺乏的关于狄奥尼索斯式的一个整体维度。他的兴趣不在形而上学，而是迷狂的实践性，以及这种崇拜的历史发展。对尼采来说，狄奥尼索斯完全是古希腊的，而罗德却相信（这是错误的，参见第二章），他起源于色雷斯（Thrace）。对尼采来说，狄奥尼索斯与阿波罗的结合是形而上学的；但是对罗德来说，这无论如何是一个历史事实——色雷斯人的迷狂崇拜结合于古希腊人更为朴素的信仰。

罗德把广阔的视野结合于对细节的掌握，这产生了相当大的影响，特别是对E.R.道兹（E.R.Dodds, 1893—1979），他在对欧里庇得斯的《酒神伴侣》（Euripides' *Bacchae*, 1944初版）的评论中，改编了罗德的遗产，使之适用于弗洛伊德的心理学，强调"拒绝狄奥尼索斯就是抑制个人天性中的基本要素"。

在罗德的《心理学》出版九年之后，简·哈里森（Jane Harrison, 1850—1928）出版了她的《古希腊宗教研究绪论》（*Prolegomena to the Study of Greek Religion*）。关于狄奥尼索斯的那一章聚焦于他与自然（尤其是葡萄藤和公牛）之间的关联，其范围在于从原始巫术到宗教的这一史前发展的演化体系之内，而这个体系以比较人类学家J.G.弗雷泽（J.G.Frazer）为先驱。她所宣告的目标是建立对于**仪式**（*ritual*）的细致研究，而不止于神话或文学，以此作为理解古希腊宗教信仰的"初步预备"。

后来，在哈里森的《忒弥斯》(*Themis*，1912)一书中，她对古希腊宗教的研究继续进展，但是狄奥尼索斯得到了特殊的重要性，他作为唯一的神，经常伴随着一个狂欢队（神圣乐队或随从）。在涂尔干（Durkheim，1858—1917）的影响下，她对狄奥尼索斯的理解逐渐不同于奥林波斯诸神，认为他产生于**群体**（*group*）的感情和欲望。与此相应，她赞同尼采把狄奥尼索斯联系于边界的消融。但是在她看来，狄奥尼索斯的本质不是形而上学的（尼采），也不是精神性的（罗德），而是**社会性的**（*social*）。

在20世纪上半叶，对狄奥尼索斯的各种各样的研究报告中，有两位（都与尼采有关）代表相反的两个极端。瓦尔特·奥托（Walter Otto，1897—1958）发展了尼采对于矛盾对立的关注，提供了完全是古希腊的狄奥尼索斯的一个非历史化的想象，他以其"双重精神"，尤其是生与死的双重性，区别于奥林波斯诸神（《狄奥尼索斯：神话与崇拜》[*Dionysos. Myth and Cult*]，德文初版于1933年）。

在另一端，则是马丁·尼尔森（Martin Nilsson，1874—1967）煞费苦心，以实证主义重构了狄奥尼索斯崇拜的历史发展。在尼尔森看来，狄奥尼索斯崇拜是**实践性的**（*practical*），主要关注于生育、繁殖能力的提高。与尼采形成鲜明对照，尼尔森的狄奥尼索斯属于弗雷泽的传统，一部分是历史发展或进化，相当于我们努力掌控环境的一个阶段，一部分有亚洲的渊源。尼采式的抽象，比如矛盾对立、边界消融或原初统一体，全都没有立足之地。

但是到了20世纪下半叶，阵线就不那么清晰了：就像先前的罗德和哈里森一样，关于狄奥尼索斯的各种观念倾向于把崇拜和神话的具体细节与尼采式的抽象结合起来。

想要理解狄奥尼索斯，以及围绕他而写下的大量著作，一个关键的概念是**矛盾对立**（contradiction）。对尼采来说，**矛盾对立**（Widersruch）属于原初的统一体，但是"永恒的矛盾"被称为"万物之父"。但是，同样一个（原初的、永恒的）东西怎么可能既是统一体，又是矛盾对立？唯有两个独立面既（a）结合成为一个统一体，又（b）以某种方式保持它们相互对立的特征。但是，在（a）和（b）之间实际上有一道波谱，尼采的神秘的观念在此波谱内振荡。

卡尔·克伦尼（Karl Kerényi，1897—1973）把狄奥尼索斯从克里特岛的迈诺安（Minoan Crete）提取出来，并且，像尼采一样，把狄奥尼索斯与生命不灭的理念联系起来。但是，对于克伦尼来说，这个理念变成了卡尔·荣格（Carl Jung，1875—1961）所推广的那种原型理论，并且（与尼采相反）生与死的两相对立被明确地融合成为一个整体——不灭的生命。在狄奥尼索斯式的节庆中,"由生命所主宰的,生与死的矛盾统一体,得以实现了"(200)。相应地,奥托的狄奥尼索斯与"紧密联系着死亡的"生命之间的联系,被克伦尼(132)整合进了不灭的生命,"由它正好相反的对立面——**塔纳托斯的**(*thanatos'*)那 面(即死亡)——得到了确证(却并不影响它的内在核心)"。在尼采式的波谱上,奥托的观念是在不可调和的双重性(b)那一端,而克伦尼则倾向于结合的统一体(a)。

按照尼采的说法,"狄奥尼索斯悲剧的主要效果在于,国家和社会,一般而言就是人与人之间的各种鸿沟,都让位给一种压倒一切的统一体的感觉,它回归于自然的内心"(第七节)。这种对立(一方面是"国家和社会",另一方面是狄奥尼索斯式的边界消融)重新出现于马塞尔·德蒂安(Marcel Detienne)的《狄奥尼索斯杀戮》(*Dionysos Slain*,法文初版于 1977 年)。他声明,狄奥尼索斯式的**食生肉**(*ōmophagy*)——狄奥尼索斯附体的人们生食一头捕获的动物——"消灭了政治-宗教体系在神、兽与人之间设立的障碍"(88)。"狄奥尼索斯信仰"是一种"反体系的"(59)"反抗运动"(62),它"与官方信仰分庭抗礼"(64)。

对尼采来说,这种边界消融的结果是一种**统一体**(*unity*,

在自然的内心）的感觉，而对于德蒂安来说，那是为了另一种**对立**（*opposition*）——在狄奥尼索斯式的与城邦式的捕杀和吃动物的方式之间。在结构主义的神话理论中，一种具体的对立往往体现出一种更为抽象的对立：在德蒂安对这种理论的运用中，生肉与熟肉之间的对立，体现着狄奥尼索斯式的与官方的宗教信仰之间的对立。

实际上，据我们所知，**食生肉**（*ōmophagy*）几乎完全限于**神话**（*myth*）。如果它曾实行于仪式，可能并没有它所象征的残暴行为。概言之，德蒂安的描述在我们所知的尼采式的波谱中，倾向于对立双方不可调和的双重性的那一端（b）。但是，仪式中对于野蛮和文明之间矛盾对立的象征性表达，可能实际上是一种政治融合（a）的手段。德蒂安的描述之优点在于包含了城邦，但是他关于城邦的理念是抽象的、永恒的：它忽略了狄奥尼索斯崇拜在城邦的宗教日历上的巨大的重要性，并且排除了历史性的发展。

德蒂安的巴黎同行让-保罗·韦尔南（Jean-Paul Vernant）在我们的波谱上占据着一个类似的位置，他将它结合于狄奥尼索斯式的矛盾对立观念中的两个有影响力的发展。首先，不仅把狄奥尼索斯认同于对立面的共存，而且——通过把视角转移到对立内部——认同于**陌生的**（*unfamiliar*）或**分裂的**（*disruptive*）

对立，**他者性**（*otherness*）或他者的突然侵入（例如野蛮人之于古希腊人，女人之于男人）。其次，这种"他者性"的范围变成普遍的。狄奥尼索斯"超越**所有**形式，突破**所有**防线；他假定**所有**层面而不把自己固定于任何一个"（着重为引者所加）。他质疑人类和社会秩序"有问题"。

正是与这种疑问活动（"提出质疑"）的显著范围相一致，查尔斯·西格尔（Charles Segal）在他关于欧里庇得斯的《酒神伴侣》一书（1982）中提出，"狄奥尼索斯发挥的原则是消除差异"，甚至是"象征和所指对象之间的差异"，其结果是"我们通过观念、思想和语言对现实进行的一切建构都陷入了问题之中"（234—235）。

最终，在奥德曼斯（Oudemans）和拉蒂诺斯（Lardinois）的《悲剧的歧义》（*Tragic Ambiguity*，1987）里，韦尔南的普遍主义与奥托的不可调和的双重性结合起来。尽管承认狄奥尼索斯也可能体现秩序，他们还是坚持认为"在狄奥尼索斯式的逻辑中，在任何发展阶段，都不可能有矛盾对立的调和，也不可能解决。它揭示秩序和无序的并存"（216）。

这些20世纪80年代的高度抽象的观念也未能免疫于知识界的时尚，它们把狄奥尼索斯变成了**一般意义上**（*in general*）的反结构的神，甚至包含了让后现代学院为之着迷的语义上的不稳定性。再者，对立面不仅是不调和的，而且是不可能调和的。这带领我们越过了尼采式波谱的（b）端。

我从尼采以来的所有关于狄奥尼索斯式的观念中挑出一些来加以讨论，没有提到在收集和阐释各种不同的证据方面已经得出的为数众多、极其重要的成果。近来的此类成果包括比尔（Bierl）和拉达-理查兹（Lada-Richards）对戏剧中的狄奥尼索斯的研究，卡本特（Carpenter）和艾斯勒-柯伦伊（Isler-Kerényi）对早期瓶画的比较处理，卡萨迪欧（Casadio）对地方宗教习俗的细致考察，亨利希（Henrichs）的锐利的系列论文，施勒西尔（Schlesier）对狄奥尼索斯式的文本的仔细考察，雅克泰特（Jaccottet）对狄奥尼索斯式碑铭、马茨（Matz）对狄奥尼索斯式石棺的收集。我从这些成果中获益良多，然而我的任务有所不同，是要对这位长久以来令人着迷的神提供另一个全面的描述，尽管是介绍性的，也并非全无新的观念。而且，它也由于上述诸位作者未能获得的成果（包括考古发现）得以丰富，并从我对他们的成败得失的检点中得到启发。

在我看来，失误之一是，从尼采开始，狄奥尼索斯的形而上学观念的过度抽象，有一种吸引力，有助于把数量巨大的狄奥尼索斯的材料加工成简略的结构。其中有些观念彼此之间显然不一致，这有一部分是因为它们聚焦于不同的材料。我的目标不仅是为古希腊-罗马时期遗迹中的大量狄奥尼索斯的证据提供一个代表性的样本，也提供一个总体的狄奥尼索斯观念——它总是植根于古代的实践和信念，由此将会阐明其大部分一致性，而又不至于忽略这个观念所不能阐释的那些内容。

第五章和第八章就是清晰的例子，它们表明，对立面的统一体和边界消融这些"狄奥尼索斯式"的观念，只有把它们想象成**实用的**（*pragmatic*），当作植根于神秘崇拜以及与之同时发生的信仰的现实之中，才是可以理解的。这些基础揭示了狄奥尼索斯与不调和的和不可调和的对立面，或者与一个普遍化的"他者性"，作为误导的抽象之间的关联。

我的总体观念来自狄奥尼索斯对于**个人身份转换**（*transform individual identity*）的力量。这种转换的基本语境就是神秘崇拜，因此它也是我最长的一章即第五章的主题。我相信，正是从这种视角来看，材料获得了最大程度的一致性。对于个人认同的各种边界的狄奥尼索斯式的解除遍布于全书。

小结

狄奥尼索斯存在于我们的世界，作为一个不可化约的象征，代表着我们社会中某些根本性错误的对立面。当我们考察弗里德里希·尼采以来的狄奥尼索斯的现代观念,我们经常发现这样一位狄奥尼索斯体现着我们社会的表层之下的某些东西,并以某种方式体现着对它的一种全面的挑战。诸如此类的观念只是抽象的,并远离于古代狄奥尼索斯的现实吗?在某种程度上,它们是,然而,也不完全如此——正如我们将会看到的那样。

关键主题

Key
Themes

二、自然

引子

在欧洲历史上,很多个世纪以来,狄奥尼索斯被视为酒神,或者是自然的无节制的快乐之神(例如,图7:提香的绘画的复制品)。但是,自然的无节制的快乐是一种城市愿景。对于古代社会的大多数人来说,生活就是一场控制自然的斗争。因此,重要的是从我们所说的自然的力量、他们想象为神灵的东西那里获得支持。在这些神灵中,引人注目的是狄奥尼索斯。确实,考虑到他无处不在的力量,他的活动不会限于葡萄园。但是,正如制作食物是所有其他人类活动的一项前提条件,在某种意义上,狄奥尼索斯与"自然"的关联,也是这本书要描述的各种活动之基础。因此,我们就从这里开始。

酒

公元前 13 世纪，经济记录以希腊文书写在石碑上，所用文字称为 B 类线形文字（Linear B）。在这些石碑中，有三块来自伯罗奔尼撒（Pelobennese）半岛西部的皮洛斯（Pylos）和克里特（Crete）的哈尼亚（Chania）；狄奥尼索斯的名字在这里第一次出现，在哈尼亚的那块碑上，它与宙斯的名字一起出现。尽管一直有人认为，皮洛斯有一块碑提供了证据，表明狄奥尼索斯与酒的联系，这还不能确定。但是，鉴于古希腊的葡萄栽培技术在这一阶段已经相当重要，而且从公元前 7 世纪之后贯穿整个古希腊 - 古罗马时期，它与狄奥尼索斯有明确的关联，那么，这种关联上溯至相对不为人所知的公元前 13 至前 7 世纪，也是有可能的。对于这种关联，最早的确证是在现存最古老的古希腊诗歌中，在荷马史诗中，有四次简单提到了狄奥尼索斯，其中有两次反映了他与酒之间的关联：在《伊利亚特》14.325 中他被称为"凡人的快乐"，在《奥德赛》24.74—76 中他是忒提斯（Thetis）的金质双耳细颈瓶的赠送者，她最后用它来存她儿子阿喀琉斯（Achilles）的骨灰，浸在纯净的酒和油之中。双耳细颈瓶通常用来盛酒（例如《奥德赛》，2.290），同时这里也与狄奥尼索斯的死亡特性（第六章）相关。这些参考文献难以确定时间：荷马史诗的很多内容来自公元前8世纪，但是它直到公元前6世纪才取得最终的形式。赫西俄德（Hesiod）生活于公元前700年前后，曾经说到酒是"狄奥尼索斯的礼物"（《劳作与时日》，614）。诗人阿基罗库斯（Archilochus）活跃于公元前7世纪中期，他宣称自己知道如何咏唱——随着头脑里"酒的雷霆大作"——狄奥尼索斯之歌，也就是酒神赞歌（the dithyramb残篇，120）。

在公元前6世纪和公元前5世纪，狄奥尼索斯作为酒神的最充足的证据体现于雅典瓶画。有很多瓶子是用来装酒的，因此，通常装饰着狄奥尼索斯以及他的随从"希伦（silens）"或"萨提尔（satyrs）"的画像——奉行享乐主义的男性，带有某些马科动物的特性，喜好狂欢作乐、性、音乐和酒。这位神经常带着一个酒瓶，而萨提尔则通常忙于酿酒（采摘、踩踏葡萄）、搬酒，有时候是在狄奥尼索斯面前，整个画面通常装饰着葡萄藤。

特别有趣的是，现存最早的（大约公元前570年）狄奥尼索斯画像之一，是索费洛斯（Sophilos，图1）创作的瓶画，关于佩琉斯（Peleus）和忒提斯的婚礼：狄奥尼索斯在一个神灵的行列之中，向新郎佩琉斯走去，后者站在他家房子前面，面向队列，举着一个**康塔罗斯**（*kantharos*，饮酒杯）。狄奥尼索斯

图1: 阿提卡迪诺斯,索费洛斯绘制。来源:承蒙大英博物馆受托人提供版权(Attic dinos painted by Sophilos. Source: © Courtesy of the Trustees of the British Museum)

身前举着一串葡萄藤,大概是给佩琉斯的礼物。不久之后,克里提亚斯(Kleitias)也画了同样的场景(在佛罗伦萨的"弗朗索瓦瓶"上):狄奥尼索斯也拿着葡萄藤,但是还在肩上扛着一个双耳细颈瓶(毫无疑问,在这个环境中,它是个酒瓶),而且——尽管是在队列中往前走着——他的面具般的脸转过来直视着观赏者。

在这两幅瓶画中,与行列中的其他神灵相比,狄奥尼索斯看起来都不那么文明,更加土里土气。在索费洛斯的画中,他光脚走着,而不是坐在车里;在克里提亚斯的画中,他也是光脚,有长长的胡子。他所携带的葡萄藤是直接从自然界采来的,而佩琉斯举着的酒杯里装着的葡萄藤则经过培养（culture）而有所变形。

为向狄奥尼索斯表示敬意，有很多爱奥尼亚人（Ionian）举办称为"安特斯节（Anthesteria）"的庆典，虽然关于这个制度的细节几乎全都经由雅典人而为我们所知晓。它在二月底举行，其核心是开启、畅饮前一年秋天所酿的葡萄酒。在秋天，在采摘葡萄、压榨、酿酒的时节，雅典人举办"奥修弗利亚节（Oshophoria）"，其命名来自行进队列所携带的枝条上成把成捆的葡萄。采摘葡萄是一桩快乐的事情、一项季节性的集体活动，同时也具有经济上的重要性，整个古希腊古罗马时期都有证据表明，它总是伴随着狄奥尼索斯的庆典。在朗格斯（Longus，约公元200年）创作的田园传奇《达芙妮与克罗埃》（*Daphnis and Chloe*）中，在莱斯博斯岛（Lesbos）上，采摘葡萄的节庆中的情欲据说是适宜于"狄奥尼索斯的节日和酒的诞生"（2.2.1）。从基督徒的谴责可以判断（第九章），采摘葡萄与狄奥尼索斯的关联一直持续到7世纪晚期。

安特斯节

我在这里会简单提到安特斯节的各个方面，它们普遍具有狄奥尼索斯崇拜的特征,在下一章里,还会将它们一一道来。

其一,就连奴隶或小孩也不被禁止喝酒。酒之所以得到公共的庆祝,不仅因为它的生产过程是公共的,也因为它所具有的使人改头换面的效果,当它被群体的所有男性成员享用的时候,就会去除他们之间的种种障碍。按照欧里庇得斯的《酒神伴侣》中的合唱(421—423),正是狄奥尼索斯"给予酒的愉悦,去除痛苦,对富有者和贫穷者一视同仁"。尽管在索费洛斯和克里提亚斯的绘画中,狄奥尼索斯看起来不如别的神灵那么有贵族派头,他所带的酒却是贵族的婚礼所需要的。我们将会看到,正是狄奥尼索斯所调制的酒,才使匠神赫菲斯托斯(Hephaistos)得以重新回归奥林波斯诸神之列。在《达芙妮与克罗埃》中,庄园主们离开他们在城里的住宅,参与到农民工之中,一起庆祝采摘葡萄。我将在第三章里回到狄奥尼索斯所激发的公共性。

其二,在安特斯节,狄奥尼索斯似乎在一个游行行列中,在一辆形状像船一样的车里,被护送进城(如瓶画所绘)。在献给狄奥尼索斯的《荷马颂诗》(*Homeric Hymn*)里,这位酒神呈现为一个年轻人的形象,他被海盗抓获,在他们船上显灵(变成一头狮子),伴随一些奇迹,包括一道酒泉,在帆顶上出现一道葡萄藤,结着累累的葡萄串,并把海盗变形为海豚。由公元前6世纪的埃克塞基亚斯(Exekias)描绘的一幅精彩的瓶画呈现了这个场景（图2）。狄奥尼索斯坐在船形车里行进的画面中，他举着一根葡萄藤，它蔓延出去，与船身等长：这意味着行进的行列是为了庆祝神奇的显灵。而狄奥尼索斯的到达受到公众的欢迎，这也是一种**显灵**（*epiphany*，第四章）。

有人猜想，也许在游行结束之后，狄奥尼索斯在古老的官邸里，与"国王"（实际上是地方长官）的妻子性交。这类似于神话故事中，狄奥尼索斯到达俄纽斯（Oeneus，埃托利亚的

图2：阿提卡双柄杯，埃克塞基亚斯绘制。来源：慕尼黑国立古代雕塑展览馆。伦敦 akg-images 网站 / 埃里希·莱辛授权复制图片（Attic kylix painted by Exekias.Source: Munich, Staatl. Antikenslg. Glyptothek. Photo reproduced by permission of akgimages, London/Erich Lessing）

卡吕冬［Calydon in Aetolia］国王）的宫中，与他的妻子性交。俄纽斯的名字的意思就是"酒徒（wine man）"，他机智地退出，得到的回报是以葡萄酒为礼物。这种对王室家庭自主权的象征性的限制——正如新酒开坛那样——对于整个群体有好处。

狄奥尼索斯在节庆上显灵，不只是在进城的时候，也会在奇迹般的酒泉喷涌的时候，他也由此得到认同（第五章）。按照保塞尼亚斯（Pausanias，公元2世纪）的说法，埃利斯（Elis）的人们如此来确定狄奥尼索斯光临他们的节庆：三个空罐子放在狄奥尼索斯神庙里，锁上门，第二天，发现罐子里装满了酒（6.26.1—2）。保塞尼亚斯还说，安德罗斯的人们说，在他们的狄奥尼索斯节上，酒会自行从神庙里流出。在泰尔（Tyre）的一个关于狄奥尼索斯节的起源的神话中，最初发明的酒被神形容像"泉水"（第九章）。在古典时期，正常情况下不鼓励古希腊妇女喝酒。但是在欧里庇得斯的《酒神伴侣》（707；参见142）中，狄奥尼索斯从地上变出一道酒泉给他的女随从们（"maenads"，女祭司）。有一些神奇的葡萄藤，会在一天之内结出成熟的葡萄（索福克勒斯残篇，253，［Sophokles fragment］），而阿普利亚（Apulian）瓶画则描绘葡萄酒直接从葡萄里流出来（第六、七章）。

其三，在其公共性之外，安特斯节包含秘密的仪式，由一帮女人执行，包括献祭、宣誓，以及狄奥尼索斯与"国王"妻子之间的性结合。这些女性的仪式，尽管是有争议的，还是被联系到公元前5世纪的一系列雅典瓶画，它们显示女人们在狄奥尼索斯的神像周围举行仪式（例如图3），有时候从一个大容器里舀酒出来，倒在酒杯里，献给神。在纸莎草纸上发现的一个残缺的文本把酒的发明联系于狄奥尼索斯式的神秘入会仪式（*TrGF* II, 646a）。我们将在第五章里再次说到一场公共节庆的核心所施行的秘密的狄奥尼索斯式的仪式，以及酒在神秘崇拜中的使用。

其四，安特斯节不像我们可能对一场酒节所想象的那样是纯粹享乐的节庆。它的某些元素体现了死亡或玷污。例如，与这个节庆相关的一个神话是，狄奥尼索斯最初把葡萄树和造酒揭示给一个叫伊卡里厄斯（Ikarios）的阿提卡（Attic）农民，他拿酒跟邻居们分享。但是他们喝了酒之后，以为自己中毒了，就杀了伊卡里厄斯。他的女儿厄里戈涅（Erigone）因此自缢身亡。在安特斯节上，雅典的姑娘们荡起秋千，来纪念她的自缢。在《奥德赛》里，我们不仅发现酒用于阿喀琉斯的葬礼（如前，页16），而且——更接近于伊卡里厄斯的故事——有例证显示酒造成死亡（11.61）和暴力（21.295—301）的力量。按照普鲁塔克（《道德论集》，655）的说法，在安特斯节上，雅典人"在饮酒之前要先奠酒供神,并且祈祷使用药物无害,对他们安全"。在公元前6世纪的诗里说道,狄奥尼索斯把酒给予人类,作为"快乐和负担"(《盾》[Shield],400;《女人名录》[Catalogue of Women]残篇,239)。

图3:阿提卡双柄杯,马克隆绘制。来源:柏林国立博物馆Antikensammlung网站。英格里德·盖斯克-海登拍摄。柏林BPK授权复制图片(Attic kylix painted by Makron.Source: Berlin, Antikensammlung, Staatliche Museen zu Berlin. Reproduced by permission ofbpk Berlin, photo by lngrid Geske-Heiden)

因此,即便是酒,也跟狄奥尼索斯(尤其是在神秘崇拜中)的其他礼物一样,含有矛盾。对于狄奥尼索斯崇拜的一种解释称之为**同质异形**(*dimorphous*),亦即"双重形式",因为醉酒能产生快乐或易怒(狄奥多罗斯[Diodorus],4.5.2)。饮用未经调制（unmixed）的酒会导致疯狂（希罗多德［Herodotus］，6.84）。但是仪式必须好好结束，在安特斯节上，较为温和的做法是饮用兑水的酒——我们可以从阿提卡历史学家的评论中推断——而这被设想为纪念狄奥尼索斯自己推行的做法。柏拉图笔下的苏格拉底援引狄奥尼索斯来帮助他寻求生活中的调和（well-mixed）的善（《斐利布篇》，61c）。柏拉图关于酒在城邦中的作用的讨论，充分意识到它对于善或恶的能量。另外，狄奥尼索斯也关联着对于野性的控制（《法律篇》，671e1）。我在第一章已经涉及狄奥尼索斯的双重性，在第六章，我将回到他与死亡的关联。

厄琉西斯神秘教（Eleusinian mysteries）的入会仪式结束时，给正在入会者（initiands）出示一个玉米棒，这个仪式也用来庆祝德墨忒耳（Demeter）馈赠谷物给人类。德墨忒耳既主掌地上谷物的生长，也主掌仪式，这个仪式保证地下的那些已经入会者（initiates）的幸福。身后的幸福不仅体现于仪式（只是人类的建构），也体现于**自然**（*nature*），以及那些可以维持生命、只能作为神之赠礼的东西（谷物）从土地里**再度出现**（*re-emergence*）。公元 2 世纪的埃及的一幅画表明，有一个人不再为他死去的女儿哭泣，因为他发现季节轮换之中都有安慰：冬天给死去的女孩牛奶、橄榄和水仙，春天有蜂蜜和玫瑰，夏天有巴克斯（Bacchos）的饮品和葡萄藤花冠。在狄奥尼索斯式的神秘入会仪式上饮用的葡萄酒也许代表着人类从狄奥尼索斯那里得来的礼物。在《酒神伴侣》中，忒瑞西阿斯（Teiresias）把德墨忒耳和狄奥尼索斯并称为"人类之中最早的两件大事"：德墨忒耳给他们培育干粮，狄奥尼索斯提供了酒。就维持生命而言，酒不如谷物，但是它真正体现了——不只是在仪式中，而且在自然状态下——心理的转变或解放。酒神使之奇迹般地流淌的酒，乃是它属于自然的极端表达——它并不要求人类的劳作介入其中。在公元前6世纪的瓶画中，酒属于自然的观念有时候表现为狄奥尼索斯不是从杯子里，而是以一只动物的角在饮酒。

植物

葡萄树并非与狄奥尼索斯相关联的唯一的植物。在《酒神伴侣》中，他把一棵长得很高的枞树尖拉到地上，把彭透斯（Pentheus）绑在树枝上，然后把树放开，这样彭透斯就高高地待在上面（1064—1075）。女祭司们后来把树连根拔起，把彭透斯撕成碎片。五个世纪之后，保塞尼亚斯报告说，在科林斯（Corinth），有两个狄奥尼索斯的形象正是用这种树木做的。

德尔斐神谕命令科林斯人找到这种树,并且"对它敬拜如神"(2.2.7)。差不多同时,泰尔的马克西姆斯(Maximus)写道,"农民们把一根未经雕琢的树干插在地里,当作质朴的雕像,以此崇敬狄奥尼索斯"(2.1)。按照普鲁塔克的说法(《道德论集》,675),所有古希腊人把狄奥尼索斯当作树神来祭祀。他也与水果和鲜花有关。从古典时期起,古希腊的文本都把狄奥尼索斯联系于拟人化的季节神,而在古代晚期的马赛克和石棺上面,狄奥尼索斯似乎与季节神一起象征着自然再生的循环。普鲁塔克还说(《道德论集》,365),古希腊人敬奉狄奥尼索斯,他不仅掌管着酒,而且掌管所有种类的"汁液生长(liquid growth)",他援引品达(Pindar)的话:"让快乐的狄奥尼索斯使树上的果子膨胀,带来丰收的纯净之光。"

动物

狄奥尼索斯经常关联于驯养的和野生的动物(特别是豹子)。这种关联最壮观的体现是由托勒密二世菲拉德尔夫斯(Ptolemy II Philadelphus,公元前282—前246年埃及的国王)在亚历山大城(Alexandria)举办的大型巡游。其中,从印度凯旋的狄奥尼索斯带来大量奇异的动物,而狄奥尼索斯本人则倚靠在一头大象（一个萨提尔坐在象颈上指引）的雕像上。酒神与人类无法控制的那些野兽有着特殊的融洽。早在公元前6世纪的瓶画上就能看到，他的座驾由野兽拉着。

狄奥尼索斯不仅与动物有关联，而且实际上经常由动物得以确定（正如他既关联于酒，又因酒而确定）。在《荷马颂诗：致狄奥尼索斯》（*Homeric Hymn to Dionysos*）中，他不仅创造了一根葡萄藤（和常春藤），还有一头毛茸茸的熊；他自己则变成一头咆哮的狮子。《酒神伴侣》中的合唱队召唤狄奥尼索斯："请以一头牛或多头蛇的形象，或是一头浑身冒火的狮子出现。"（1017—1019）对米亚斯（Minyas）的女儿们，"他变成了牛、狮子和豹子"（安东尼努斯·莱伯拉里斯［Antoninus Liberalis］，10）。按照普鲁塔克的说法，埃利斯的女人们请求他以一头公牛的样子到来（第四章）。在《酒神伴侣》中，狄奥尼索斯在彭透斯看来是一头公牛（921—921）。在传说中，他偶尔也变形为山羊。

不仅是狄奥尼索斯，还有他的随从也关联于、认同于动物。女祭司们有时候与野生动物一起出现，经常穿着鹿皮或豹皮，偶尔也给野生动物喂奶（《酒神伴侣》，699—702），偶尔吃生肉（同时穿着鹿皮，见《酒神伴侣》，137—139）。吃生肉使动物有别于人类，在这里则使神话中的女祭司们同化于动物：

米勒托斯（Miletos，公元前276年）的碑文中的一则简短的信息表明，有些肉在狄奥尼索斯崇拜仪式中一直就是生吃的，虽然并非必然伴随着它所象征的残暴行为。狄奥尼索斯自己也可以叫作ōmēstes，"吃生肉者"。

狄奥尼索斯的男性随从叫作萨提尔，他们具有一些动物的特性，最显著的是裸体，长着一条马尾。起初，他们似乎与狄奥尼索斯无关（赫西俄德［Hesiod］残篇，123），但是在公元前6世纪，他们成了他的随从，有些类似于希伦所为，结果就是"萨提尔"和"希伦"可以交换使用。男人或男孩穿（或者毋宁说脱）得像萨提尔。有些瓶画上有狄奥尼索斯和萨提尔在吹奏乐器，它们无疑受到一年一度的安特斯节上的仪式规定的启发，有人打扮成萨提尔，表演神话故事（狄奥尼索斯降临）。这种身份模仿是戏剧的前身（第七章）。在酒神节上，人们扮成萨提尔，在萨提尔剧（satyric drama）中构成一个合唱队。在神秘崇拜中，你可能变成一个萨提尔，或者一头公羊、公牛，或小孩（第五章）。

萨提尔兼有人性、动物性和永生性。穿戴成萨提尔的样子，就是获得另一种身份，借由把三个基本的生命体（living being）范畴——人、动物和神灵——叠合成一个，作为在狄奥尼索斯面前的一个永生的造物。再者，萨提尔又是一种野性的造物，而依然属于城邦核心。正如狄奥尼索斯给野生动物套上轭，给他拉车，而让受教化的人喝酒。同样地，在萨提尔剧里，萨提尔也经常出现在从自然到文化的转型之际，比如第一次从葡萄里榨出酒的时候（索福克勒斯［Ichneutai］，狄奥尼西斯科［Dionysiskos］），或者从一只死乌龟身上发出抒情的声音时（索福克勒斯）。

最终，自然本身也参与了狄奥尼索斯崇拜仪式。在一个女祭司用她的**酒神杖**（*thrysos*）敲打之下，岩石中有一道水"**跳跃**"（*ekpēda*i，705）出来，就像女祭司们和狄奥尼索斯在舞蹈**中的跳跃**（*pēdan*）那样。当她们被灵魂附体之后，女祭司们从河流中汲取奶和蜜（柏拉图，《伊翁》，534a）。在牧人山（Mt. Kithairon）上，她们挥舞着酒神杖，唤醒神灵，"整个山林和野兽都加入了酒神伴侣中，没有什么不为所动，全都一起奔跑起来"（《酒神伴侣》，724—727）。在费拉达摩斯（Philodamos）的巴克斯（Bakchos，狄奥尼索斯的另一个名字）颂歌（公元前340—前339年，刻在德尔斐）中，所有永生者和凡人都为狄奥尼索斯的诞生欢欣鼓舞，整个大地一片欢腾。

小结

我们已经看到，狄奥尼索斯与自然之间的关联并非随意的。

相较之下，与农业或畜牧业、谷物或牧群之间的关联，不如与那些危险的自然元素、野生动物和葡萄树的果实之间的关联那么紧密。酒是危险的，但是似乎也把那种使人类独具一格的东西，即伴随着征服自然而来的意识，重新结合于从大地中生长出来的东西。这种文化与自然的综合体表现为萨提尔的杂交形式。它也将作为人类认同的变形，显现于狄奥尼索斯的各种活动，包括这一章（在我们对安特斯节的描绘中）所预示的，以及在后面几章更加充分描绘的。

三、公共性

引子

我用"公共性（communality）"一词指某些个人的感情和行为之总和，它提升并表达他们同时归属于同一个群体。当人们聚集到同一个地点时，公共性就得到大大的促进。消费资本主义瓦解了公共性在情感上的整体性。在我们大规模的社会中，可以通过把人们聚集到同一地点而产生那种强烈的情感，却有可能不可思议地显得无意义且无力，因为意义和力量仿佛总是在别的地方。

古典时代的古希腊城邦，比现代民族-国家在经济上和政治上都更为独立自主，其中的大部分居民都能聚集到同一个地方。因此，公共性可能在情感上是独立自主的，在政治上是有意义的。而激励公共性的那种压倒一切的力量，无论是在整个城邦，还是在一个小群体里，都特属于狄奥尼索斯。由于公共性打破了个人化的独立自主,代之以一种整体感,狄奥尼索斯——有甚于任何其他古希腊神灵——被想象成实际在场的。他的在场本身足以成为公共性的焦点和动力。但是,公共性如此强大有力,乃至于在这里我们将会又一次看到,狄奥尼索斯式的东西具有危险的双重性。

荷马那里的狄奥尼索斯

在荷马那里,只有三次简单提到狄奥尼索斯,还有一次简单叙述了一个跟他有关的神话。这个神话是关于他被色雷斯国王赖库尔戈斯(Lykourgos)所困(《伊利亚特》,6.130—140)。值得注意的是,与大多数其他关于人类抵抗狄奥尼索斯的神话(以及这个神话后来的一些版本)相反,国王打败了酒神,后者惊慌逃进海里。后来是宙斯,而不是狄奥尼索斯,惩罚了赖库尔戈斯。

过去,人们认为,狄奥尼索斯在荷马那里难得一见,是因为他是一位新来者,尚未在古希腊万神殿里占得一席之地。随着考古发现,这位神的名字出现在青铜时代的文本中(第二章),这种解释失去了吸引力。再者,狄奥尼索斯在荷马那里不仅难得一见,而且(在赖库尔戈斯的故事里)**软弱无力**(*weak*)。

狄奥尼索斯的边缘性是**意识形态的**（*ideological*）。它归结于一种世界观，不管是有意识还是无意识地，表达某一个社会群体的利益——在这里是氏族贵族，他们关于英雄主义和荣耀的理念，与土地上的劳作相隔遥远。所有叙述都包含着选择，而所有选择都包含着判断（判断什么是重要的）。荷马史诗不仅倾向于排斥狄奥尼索斯，而且排斥（例如）神秘崇拜、农业劳作、群体节日，以及农神德墨忒耳。它也倾向于排斥城市国家（城邦）。狄奥尼索斯是神秘崇拜、葡萄栽培、群体节日和城邦的神。因此，他在荷马那里毫不显眼，也就不足为奇了。

这并不是说，狄奥尼索斯只对那些在土地上劳作的人是重要的。我们已经见过一个乡巴佬式的狄奥尼索斯，带着酒去参加佩琉斯和忒提斯的贵族式婚礼，见过他在贵族的酒会中得到尊荣。但是，可能对某些贵族来说不那么有吸引力的狄奥尼索斯的一个特性是他的**包容性**（*inclusiveness*），他与**整个**（*whole*）公共群体的庆典之间的关联。

狄奥尼索斯与城邦

在欧里庇得斯的《酒神伴侣》中，狄奥尼索斯把他的崇拜仪式带给作为一个整体的城邦，他要向"底比斯人"展示他的神性（48），"这地方所有的人立刻都会欢舞起来"（114）。按照忒瑞西阿斯的说法，"他愿意人人都敬仰他，并且无一例外，让他们共同赞美"（209—210）。"没有人"，在埃斯库罗斯的一个萨提尔剧中，狄奥尼索斯说，"无论年轻还是年老，都不会甘愿从我的合唱队缺席"。

到了公元前4世纪，一个神谕般的答复坚称，狄奥尼索斯应该由雅典居民"全部混合在一起"（德摩斯泰尼［Demosthenes］，《美狄亚》［*Meidias*］，52）对他膜拜。而柏拉图在讨论狄奥尼索斯的合唱时提到，"必须让每个人，无论是成年人还是儿童，是自由民还是奴隶，是男人还是女人，整个城邦都应该让自己沉迷，整个城邦歌唱……"（《法律篇》，665）有一篇希腊化时代的碑文，是米勒托斯（Miletos）为某位狄奥尼索斯女祭司而作，其中提到，她走在游行队列中，"在整个城邦之前"。埃及的希腊王后阿尔西诺伊（Arsinoe），据说曾参与一场"无所不有的**乌合之众**（*pammigēs*）"的狄奥尼索斯节（阿忒纳乌斯［Athenaeus］，276c）。

一个共同体，尤其是一个城邦，都需要对它自身和他者表现它的统一性。因此，狄奥尼索斯节非常普遍，持续不断，引人注目。例如，圣奥古斯丁（St. Augustine，354—430）写到酒神崇拜（在北非）的公共特性，它引导城市居民"在酒神式的狂乱中穿过城市的街道"(*Ep.*, 17.4)。

实际上,狄奥尼索斯节在某种意义上依然存在,最为显著的是以传统的嘉年华的形式;每年二月,它还在希腊偏远的斯基罗斯岛(Skyros)上举办。整个社区(以及很多观光客)聚集在城区,观看一些男人跳着舞走过街道,他们的头整个儿包着山羊皮,佩戴着叮当响的铃铛,伴随着另一些装扮成年轻女子(Korelles)或外国人(Frangi)的男人(近来,有时也有女人)。当然,这里还缺少狄奥尼索斯节的关键要素(例如酒神本人,哪儿都看不到他),但值得注意的是,它由三个基本的对立组合所构成:人–动物、男人–女人、希腊人–外国人。它们在《酒神伴侣》中,也是狄奥尼索斯及其跟随者的基本特征。古代雅典的安特斯节也在二月举办,其中的男人穿成动物似的萨提尔,而狄奥尼索斯在一辆船形的马车里,被护送到城市中心。同样,在斯基罗斯岛的节庆中,一辆外形像船的马车从港口行驶到中心广场,在那里从船形马车上发表关于当地人和事的讽喻诗(同样,在雅典的安特斯节,参与者也受到马车上的人的嘲弄)。

在安特斯节和乡村的狄奥尼索斯节上,甚至奴隶也参与其中。我们知道,在城市的狄奥尼索斯节期间,犯人从牢里被放出来,就在这个节上,在剧院宣布释放奴隶的消息(埃斯基涅斯[Aeschines],3.41)。狄奥尼索斯从监禁中释放出来(《酒神伴侣》,443—447,498,649;保塞尼亚斯,9.16.6),而在奴隶的梦中,崇拜狄奥尼索斯意味着自由(阿特米多鲁斯[Artemidorus],2.37)。甚至,对于戴着锁链的奴隶来说,他也带来慰藉(提布鲁斯[Tibullus],1.7.41—42)。普鲁塔克(《道德论集》,613c)和埃利乌斯·亚里斯提德(Aelius Aristides,2.331)有言,他从一切中释放出来。在埃雷特里亚(Eretria,公元前308年),对他的崇拜用于庆祝城市的解放,而在雅典(公元前294年),解放者德米特里(Demetrius)与狄奥尼索斯齐名。意大利农神利伯尔(Liber)与自由之间的关联(*liber*意指"**自由**")有利于他与狄奥尼索斯之间的认同,而这一认同必定有助于这位希腊–罗马神灵在罗马帝国各地的流行。奥古斯丁(《上帝之城》,6.9)提出一种观点,利伯尔得名于使男人通过性交,从精液的困扰中解放(liberate)出来。

狄奥尼索斯这种把人们聚集起来的能量的另一个表现是促进和平。他"爱好和平,它带来财富"(《酒神伴侣》,419—420)。早在公元前600年,在莱斯博斯岛上相互竞争的城市中,似乎普遍都有一座宙斯、赫拉和狄奥尼索斯的圣殿。直至公元1世纪,狄奥多罗斯表明,狄奥尼索斯"大体上化解了民众和城市之间的冲突,并且创造了和谐与和平,取代了国内的冲突与战争"(3.64.7)。

狄奥尼索斯与自由和公共性之间的关联，有一部分来源于他与酒的关联。他通过酒获得心理上的解放（《酒神伴侣》，279—283；普鲁塔克，《道德论说集》，68d，716b），而酒有助于消解人们之间的障碍。古典时代的斯巴达可能是一个例外。在柏拉图的《法律篇》（637b）中，斯巴达人麦吉卢（Megillus）宣称，在斯巴达没有酒会，任何一个斯巴达人都会惩罚他所遇到的任何公然醉酒的人。他还说，酒神节也不是借口，虽然在雅典可以，或者，在斯巴达殖民地塔拉斯（Taras，在意大利南部），他还曾看到整个城邦都在狄奥尼索斯的节日里狂饮烂醉。关于安特斯节的集体醉酒，阿里斯托芬（Arisophanes）也有所暗示（《阿卡奈人》，1000—1002；《蛙》，217—219）。

但是，雅典的安特斯节既有这种狄奥尼索斯式的公共性，也包含着相反的设定，也就是个人的孤立状态，它隐含在与此节日相关的两个神话之中。因为道德败坏的奥瑞斯忒斯（Orestes）有一次参加了酒席，然后每个参与者都闷声不响地各自喝了与他等量的酒（《伊菲革涅亚在陶洛人中》[*Iphigeneia in Tauris*]，947—960）。当伊卡里厄斯给他邻居分酒（狄奥尼索斯刚给他的）时，邻居们以为被他下了毒，就杀了他。他的女儿厄里戈涅随后自杀，后来在安特斯节受到纪念。

赫菲斯托斯归来

关于狄奥尼索斯和他的酒造成社会融合的力量,最为强烈的表达是赫菲斯托斯(Hephaistos)归来的神话。工匠神赫菲斯托斯因其丑陋而被他母亲赫拉驱逐出了奥林波斯,他实行报复,给她一个宝座,用无形的链锁把她紧紧捆缚在上面。只有赫菲斯托斯才能释放她,他却拒绝回来。但是狄奥尼索斯把他灌醉了,让骡子驮着他,把他带回奥林波斯。在某个版本中,赫菲斯托斯归来的前提条件是他要与阿芙洛狄忒结婚。而在另一个版本中,狄奥尼索斯得到奖赏,列为奥林波斯诸神之一。在荷马史诗所体现的贵族政治思想体系中,正如狄奥尼索斯和德墨忒耳的边缘化反映了农业的下等地位,同样地,赫菲斯托斯的下等地位也反映了工匠的下等地位。但是,工匠是必需的,因此他们在政治上被排挤,就威胁到了共同体。

赫菲斯托斯的快乐归来是阿提卡瓶画的常见主题。事实上,它是阿提卡黑绘(亦即早期)瓶画所描述的唯一可以辨认的神话。其中,狄奥尼索斯扮演着核心角色。在"弗朗索瓦瓶"上,克里提亚斯不仅描绘了佩琉斯和忒提斯婚礼上的乡下人狄奥尼索斯(第二章),也描绘了赫菲斯托斯的归来,在由放荡的萨提尔和仙女所组成的一个小小的行列中,赫菲斯托斯在一头放荡的骡子上,由狄奥尼索斯带领,走向奥林波斯诸神。有一个萨提尔背上扛着一个用整只羊皮做的酒囊,另一个吹奏着管乐。这似乎体现了狄奥尼索斯和他的酒把那些人——他们原本是必不可少的,但是潜在地被边缘化或离心化,比如乡下人和工匠——结合成为(奥林波斯上)一个群体的力量:社会融合表现于(仪式中的)游行队伍的空间融合。

这种融合不可能由战神阿瑞斯(Ares,亦即暴力)来达到,他在这个神话的另一个有文字记录的版本中,未能逼迫赫菲斯托斯回来。而在克里提亚斯的绘画中,他沮丧地坐着,而雅典娜一只手对他比画着什么,另一只手指向行进中的行列。也许她的意思是在拿他们作对比,从而表达经常与她所关联的公民价值(civic values)。

克里提亚斯的绘画受到的影响(最近有所争议,见赫德林[Hedreen],《古希腊研究杂志》[*Journal of Hellenic Studies*],2004)来自在视觉上给人留下深刻印象的狄奥尼索斯式游行。它通常以淫秽言行为特征,或者有时候也被设想为在最初的拒绝之后,护送狄奥尼索斯进入社区:例如,据说雅典人最初拒绝狄奥尼索斯 - 厄琉特罗斯(Dionysos Eleuthereus)的到来,这导致他们遭遇一场男性生殖器的疾病,他们只有向这位神灵致敬才能得以治愈。因此，在狄奥尼索斯 - 厄琉特罗斯庆典或者城邦酒神节（City Dionysia）上，大型游行队伍扛着作为崇拜对象的男性生殖器形象。赫菲斯托斯和狄奥尼索斯都是在被拒绝之后，在阳具崇拜的游行队伍中回归。

拒绝可能表达了——其他方面暂且不提——对某个边缘群体的敌意。然而，一位外来者的到达，可能是因为他不属于任何派系，并且为所有人提供了一个焦点，把一个分散了的群体结合起来——无论到来的是一个异域的立法者，一位神灵的现身（第四章），还是一个人的凯旋。在帕特雷岛（Patrai），一个狄奥尼索斯 - **艾希奈特斯**（*Aisymnetes*，代表着遍及一切的、公正无私的力量的一个名称）的公共节日，奠基于他作为一位"**异域的**（*xenikos*）"神灵的到达（保塞尼亚斯，7.19—21）。在公元前 6 世纪早期，索伦（Solon）受雅典人任命，来公平解决富人和穷人之间的不和。据说，他招入一位外来者——埃庇米尼德斯（Epimenides），来净化城市。克里提亚斯的绘画在时间上可以回溯至索伦采取各种措施之后不久，其中包括贫穷流亡者的回归，对移民进来的工匠（例如瓶画师）给予公民身份。在索伦的诗里，雅典娜既保护雅典人免受内部冲突可能造成的毁灭（1.3—4），也与工匠以及赫菲斯托斯有所关联（13.49—50）。

赫菲斯托斯回归的故事是来斯博斯的抒情诗人阿尔凯奥

斯（Alkaios）讲述的，也许还略早一点。公元前6世纪，有狄奥尼索斯现身其中的另一个神话，也就是诸神与巨人之战（Gigantomachy），再次表明他融入了诸神的（战斗）队伍，他们的胜利斗争创造了宇宙现有的秩序（亦由佩琉斯和忒提斯的结合而得到确定，否则忒提斯所生的宙斯的儿子将会打倒他父亲）。而狄奥尼索斯也被描述成（就像赫拉克勒斯）得以引入奥林波斯。相比之下，在荷马史诗中，狄奥尼索斯一直是软弱的、边缘的，没有出现在奥林波斯。

狂欢队

我们知道，狄奥尼索斯要求完整的、未分开的共同体的礼拜。再者，他在诸神之中别具一格，在一定程度上是因为他伴随着一个行列，他的狂欢队（thiasos）。《酒神伴侣》的合唱团由一个狂欢队构成，也就是他的女信徒，被称为 *mainades*（女祭司，本意为"**疯女人**"）或 *bakchai*。她们来自吕底亚（Lydia），但是在山坡上崇拜狄奥尼索斯的底比斯女人也被描述为组成了三个狂欢队（680），这个合唱团 – 狂欢队（chorus-thiasos）的开头几句唱道：

> 那样的人才是真的幸福,
>
> 他有福懂得神的教仪,
>
> 过着清洁的生活,
>
> 虔心加入狂欢队。
>
> (72—26)

神秘入会仪式把个体的灵魂融入群体。狄奥尼索斯式的疯狂得以"分享"(柏拉图,《会饮》,218b)。这种主观团结一致的客观方面,在这出戏的后面表现为对山坡上的女祭司的描绘。把所有人从睡梦中唤醒,跳起来,"优美整齐,令人赞叹"(692—694)。当她们用同一个声音呼唤她们的神,整个山峦和所有动物以及其他事物都加入她们的活动(725—727)。有很多博物馆收藏着描绘女祭司的瓶画(有时候伴随着她们神话中的男同伴萨提尔),一个欣喜若狂的群体,却以反常的凝聚力一致行动。《酒神伴侣》中的女祭司引人注目的是这个群体与自然之间(第二章),与其自身的一致性。她们奔跑,"像飞鸟腾空"(748),也就是说,伴随着一群鸟飞离地面的那种奇妙的一致性。尽管葡萄藤体现了自然消解界限的神奇力量,在《酒神伴侣》中非常明显的是,这些女祭司并未醉酒。尽管葡萄酒是他给予人类的礼物,但即使没有它,狄奥尼索斯也能消解灵魂的界限。

《酒神伴侣》中的女祭司这种心灵一致或群体意识，与"暴君"彭透斯对酒神节的顽固拒绝相比之下，就显得更为显著。在这出戏的多数时刻，彭透斯的个人主义是绝对的，他的心灵的边界是不可渗透的，因此，对于其他所有人都显而易见的狄奥尼索斯的神奇力量，他一直都毫无意识，令人奇怪。他拒绝狄奥尼索斯，保持孤立，正如吕底亚女祭司的狂欢队唯有与狄奥尼索斯分离开来，才会落地、分解，每个人都陷入"孤立的凄凉"（609）。狂欢队的统一性似乎要求神的在场感，甚或要求感觉到神**附着**（*possessing*）于群体的灵魂（第八章）。

《酒神伴侣》结束于狄奥尼索斯把对他的崇拜引入底比斯，而在这出戏里所发生的很多情节都是把这种崇拜投射到神秘的过去。《酒神伴侣》戏剧化地呈现了崇拜的"原因论神话"，这个神话解释了崇拜的建立和实践。狄奥尼索斯要求每个人都参与（208）。最终"整个城邦都疯疯癫癫"（1295），由此预示着狄奥尼索斯节将要付诸实行的样子。《酒神伴侣》所预示的另一个实际做法是"疯女主义（maenadism）"，就是把女人聚集起来，跳疯狂的舞蹈，有时候狄奥尼索斯也在场。我们经常可以在公元前 5 世纪的雅典瓶画中看到，雅典的女人们兴高采烈地聚集在酒神式的狂欢之中（阿里斯托芬，《吕希斯特拉特》，1—3）。

这种活动在底比斯鲜有所闻。但是在很多其他古希腊城邦中，它的表现形式就像在《酒神伴侣》中一样，女祭司离开城市，到山坡上。有一篇碑文记录了公元前3世纪的第二个25年里，有三个疯女祭司从底比斯来到了爱奥尼亚的美格尼西亚（Magnesia）。来自希腊化时期的米莱特斯（Miletos）的一篇碑文，纪念一个女人带领一群"**酒神**"（*bakchai*，女祭司）"到了山上"；而另一篇（公元前276年）则详述了"**公众**（*dēmosios*）"狂欢队和酒神的公众女祭司的特权，并且提到了其他的（大概是私密的）狂欢队的构成。在公元前1世纪，狄奥多罗斯声称，就在他那个时代，这是一种普遍的活动：成群结队的女人聚集起来献祭，为狄奥尼索斯的降临唱赞歌，模仿他的古老的同伴即女祭司。

为什么女人们要聚集在山坡上？城邦由分散的各个家庭构成，这个结构显著地体现出一种倾向，就是女人各自都受限于家庭范围。因此，让她得以离开分散的家庭（有各种不同描述，比如在《酒神伴侣》中，特指她的织布机），以便使她超越自身与其他女人之间、自身与自然之间的，既是生理的也是心理的界限——这是对于城邦的文明教化结构的象征性的颠覆。

但是这种城邦结构的颠覆也是对它的公共性的、最有意识的、合适的表达。在遵从城邦和遵从家庭之间，城邦包含着一种紧张关系。神话和仪式对这种紧张有一种象征性的表达，其中，对于家庭的遵从最具象征性的表现，由实际上几乎全部遵从于它的人即女人来完成。由此产生了神话传说中的女人们对狄奥尼索斯的抵抗，据说她们不愿意为了对他的集体崇拜而离开父母的或婚姻生活的家庭。而狄奥尼索斯通过激发她们的疯狂，克服了这种抵抗（在米亚斯的女儿们、普罗托斯［Proitos］的女儿们、底比斯的女人们身上）。由此也产生了残酷，狄奥尼索斯正是以这种残酷，对于徒劳地拒绝其公共崇拜的占统治地位的家庭，推行疯狂的自我毁灭（亲属杀戮，kin-killing）。狄奥尼索斯式的悲剧类型的这个共同主题，扩展到了并不包含狄奥尼索斯在内的神话之中（第七章）。

公共性之间的紧张

女人在狄奥尼索斯节中具有象征意义的重要性，并不意味着她们排斥男人。在《酒神伴侣》中，以及在其他地方，整个城邦都必须参与。这表明一种矛盾冲突。《酒神伴侣》戏剧化地呈现了狄奥尼索斯崇拜的原因论神话，一方面是整个城邦参与其中，而另一方面，女祭司在山坡上的庆祝是秘密的（1109）。

这种显而易见的冲突实际上对应着狄奥尼索斯节的一个特征，其中某些部分包含整个城邦的参与。但是，与此同时，在庆祝活动的核心，由一群女人执行一场秘密仪式（第五章）。我将会论证，神秘仪式在城邦酒神节中对整个城邦的**开放**（*opening up*），这种现象的发展是悲剧起源中的一个要素（第七章）。

但是，冲突也表明狄奥尼索斯所激发的公共性中的一种潜在的分歧。一个完整群体中的共同情感，作为力量和团结一致的来源，显然是有价值的；但是，对于那个共同体中的创始群体而言，它可能具有相反的效果——它提供一个忠诚的焦点，而它与对更大范围的共同体的忠诚是冲突的，或者看起来是冲突的。显然，狄奥尼索斯节相对无组织的公共性，完全不同于狄奥尼索斯狂欢队的那种迷狂的一致性，而两者都完全不同于狄奥尼索斯在体面的会饮中主持的那种享乐主义的礼貌得体。

大体上与《酒神伴侣》同一时期，有证据表明，针对某些起源于国外的或至少在某种意义上被想象是国外的崇拜仪式，存在着雅典人的敌意，有时候是迫害。这些崇拜仪式倾向于迷狂、具有入会仪式，而对它们的敌意似乎奠基于一种道德上的反对意见，等同于《酒神伴侣》中的彭透斯所推行的反对意见，针对新的、外来的迷狂的入会仪式，比如针对醉酒和性放纵。但是，我们可以猜测，在大多数此类情形之中，基本的动机是其核心所感受到的，需要社会团结一致，需要有所**控制**（*control*）。

在这些据说来自国外的崇拜仪式中，对于母神（Cybele）和萨巴齐奥斯（Sabazios）的崇拜紧密关联于狄奥尼索斯，而对阿多尼斯（Adonis）、母神和萨巴齐奥思的崇拜都完全或主要限于女人。交际花芙里尼（Phryne）被指控组织男女狂欢队，以及引入一个新的神，叫伊索代特斯（Isodaitēs），这个名字的意思类似于"宴会上的平均分食者"，很久以后，又作为狄奥尼索斯的一个称号而再次出现（普鲁塔克，《道德论集》，389a5；参照《酒神伴侣》，421—423）。来自国外的精灵对于边缘群体，尤其是对于女人的吸引力，一直都在人类学的记述之中。但是，狄奥尼索斯吸引女人是因为他被想象成来源于亚洲，不如与之相反的说法更可信。想象中的狄奥尼索斯及其崇拜仪式的国外来源，就如《酒神伴侣》显著表达的那样，可能来自男人统治的城邦中的诸神对女人的疏远，以及来自由此而来的男人对此崇拜仪式的敌意，来自采用的外国元素，比如弗利吉亚音乐，以及来自狄奥尼索斯一年一度**进入**（*entry*）城市的原因论神话（第四章）。

有一种重要的差异在于，一方面是不受约束、声名狼藉的崇拜，比如萨巴齐奥斯和伊索代特斯的崇拜；另一方面，不管它们的原因论神话或早期历史如何，在有历史记载的时期是城邦的官方崇拜。在不受约束的崇拜中，一个男祭司可能被（例如彭透斯）想象成诱惑、腐化妇女的人，但是狄奥尼索斯是一位奥林波斯神，城邦的一位首要的神。疯女主义的离心倾向被结合在城邦之内，变成城邦结构的一个临时的、只是象征性的颠覆，甚至可能加强它的团结一致。《酒神伴侣》戏剧化呈现了这种结合，并且预示了秘密女性仪式在兼有男女两性的城邦庆典中得到确立（第五章）。

另一种公众控制，以公元前276年的米利都人刻写的法律为例，它要求任何组建狂欢队的人都要给公共女祭司缴费。但是，国家与秘密的狄奥尼索斯崇拜之间的矛盾冲突，最突出的例子是公元前186年意大利对狄奥尼索斯式的入会群体的镇压，他们被视为参与一场密谋策划，威胁到了罗马帝国（参见第五章）。

公共性与独裁者

在第五章，我们还将描述一个例子，说明国家对私密的狂欢队的控制，那是在公元前3世纪的埃及，一个君主制国家。在《酒神伴侣》中，狄奥尼索斯式的狂欢队的对手是一位独裁者。忒瑞西阿斯试图说服彭透斯接受这位新神，"你高兴地看见许多人站在你的门前，听见全城的人称赞彭透斯的名声；我认为他(也就是狄奥尼索斯)也喜欢受人崇敬"(319—321)。这位"暴君"彭透斯受到神一般的对待,像狄奥尼索斯那样,被人列队护卫进城。但是现在看来不可避免的是,狄奥尼索斯将会篡夺彭透斯在庆典中的核心位置。在雅典民主制度中,诸神(尤其是狄奥尼索斯)的一个平等主义功能,就是通过提供一个共同奉献的焦点,避免使它属于任何个人。

然而,形成于公元前6世纪末的暴君专制结束之后的雅典民主制度,到了《酒神伴侣》的年代,再次面临一场残暴专制的政变,令人担忧,而它最终被马其顿的君主制克服了。在这次征服之后的一个世代,雅典人敬仰强有力的马其顿人德米特里·波留科特斯(Demetrius Poliorkētēs),把他当作一位神(第四章)。作为公共庆祝的焦点,狄奥尼索斯在雅典民主制度中被想象成独裁专制的颠覆,但也因为如此,他也在一种实际上的独裁专制中受到独裁者的挪用。

在《酒神伴侣》的开场中,狄奥尼索斯宣称已经把他的崇拜——并且教人舞蹈——传播到了亚细亚,抵达巴克特里亚(Bactria),并以军事行动威胁彭透斯(21,52)。确实,他并非没有军事经验,曾经与诸神一起跟巨人族作战。后来,在亚历山大大帝(Alexander the Great)征服印度之后不久,据说(出自影响广泛的历史学家克莱塔卡斯[Cleitarchus])狄奥尼索斯也征服了印度,结果是亚历山大可能被想象成模仿了狄奥尼索斯。在托勒密二世菲拉德尔夫斯(Ptolemy II Philaderphus)在亚历山大城的大游行中,狄奥尼索斯从印度的胜利归来得到盛大表演,不仅说明了他与亚历山大的征服之间的关联,也说明了这位神和人类征服者与托勒密王朝之间的关联。狄奥尼索斯的凯旋成为文学和视觉艺术中的流行主题,并且作为普遍的快乐之象征持续到19世纪的德国(第十章)。

尽管没有充分的证据表明亚历山大本人在世期间认同狄奥尼索斯,他的帝国的很多后继者——埃及(托勒密王朝)、叙利亚(塞琉古王朝[the Seleukids])和佩加蒙(Pergamon,阿塔利王朝[the Attalids])的君主——都有兴趣促进、控制并把他们自身关联于狄奥尼索斯崇拜。君主制可能被同化,甚或被认同于这位神。狄奥尼索斯对于这些君主的吸引力不仅在于与这位神相关的狂欢作乐(甚至永恒的幸福),主要还在于狄奥尼索斯作为胜利者(第四章),他把整个群体联合起来——在君主的统治之下。甚至所向无敌的安东尼(Roman Mark Antony)进入一座城市,也被当作"狄奥尼索斯"受到整个人群的欢迎。罗马帝国的皇帝——作为希腊化时代的君主的后继者——也都认同于狄奥尼索斯。例如,据说卡里古拉(Caligula)曾经自称为"新狄奥尼索斯",并像他一样穿戴打扮(阿特纳奥斯［Athenaeus］，148d），而在安卡拉（Ancyra）的一篇碑文中，哈德良（Hadrian）被宣称为"新狄奥尼索斯"。

小结

我们描述了狄奥尼索斯在城邦和狂欢队中激发的公共性。考虑到古希腊神话甚至崇拜仪式在处置矛盾冲突中表现出来的利益关系，狄奥尼索斯式的公共性时而表现出与个体的隔离状态之间的矛盾，时而表现出与其他群体的公共性之间的矛盾。这是一个悖论：狄奥尼索斯式的公共性似乎来自个体即狄奥尼索斯的力量，而他从希腊化时代早期开始，就可以被一个人类的独裁者替代。

四、显灵

引子

公元3世纪的一篇碑文提到狄奥尼索斯最明显或最大程度地显灵（epiphany）。显灵发生为神（或其表现形式）通过一种或多种感官被人觉察到。它甚至可能包括例如一个神像出现在游行队伍，只要现场观众想象他们自己看到了神灵。

在所有古希腊神灵中，正是狄奥尼索斯最倾向于在人类之中显现自己，并且采用各种不同的方式（第二章）。柏拉图把他（与缪斯和阿波罗并列）称为suneortastās，即"庆典的同伴"（《法律篇》，653d）。在《荷马颂诗：致狄奥尼索斯》(*Homeric Hymn to Dionysos*)中，他对他的绑架者显现为一头狮子。常春藤、葡萄藤或葡萄酒的不可思议的显现，似乎可以视为暗示他的**在场**（presence），甚或是他化身于那些显现的东西里。他可能被认为与他的崇拜者同在（第八章）。尽管"没有神比他更明显在场（praesentior）"（奥维德，《变形记》，3.658—659），对于那些并不接受他的人，他也可能是不可见的（欧里庇得斯，《酒神伴侣》，500—502）。我们的任务是确定狄奥尼索斯在场的各种不同方式意味着什么，以及它们如何互相联系。

仪式与危机

显灵倾向于发生在某些环境之中。其中有两种环境，分别是仪式和危机。**仪式**（ritual）中的显灵的一个例子是狄奥尼索斯（由人扮演的，或者是雕像）降临在一年一度的庆典中，例如安特斯节（第二章）的游行队伍。而危机可能发生在神话中（例如狄奥尼索斯被海盗俘虏）或在现实中（例如忒修斯［Theseus］在马拉松战役中帮助雅典人）。这些例子可能看起来互相矛盾，因为仪式中的显灵通常有一个组织有序的时间表，而危机及其显灵则从本质上来说是不可预期的。然而，这两种环境都是人类的法则控制混乱的机会。仪式可能实际上是在一种危机之中举行，或者包含着它自身的危机。

仪式是在面对潜在的混乱（disorder）或（就像在某种危机中的）实际的混乱时，传统的常规行为的表现。在仪式中，对于秩序（order）的引人入胜的表现（戏剧化呈现），可能是——

即使只是象征性的——一种模式，一个焦点，用来逆转群体的，或实际上是个人的逐渐衰弱而瓦解。仪式可以形成团结一致、激励核心力量，用来防止瓦解，这种神秘的拯救力量很容易被想象成来源于某个全能个体、一个带来拯救的神灵的核心存在（显灵）。在某些危急时刻，利用仪式来制造一种拯救的显灵；而在某些危机中，由于极度危险（或人类无能为力），以至于没有实行仪式就发生了显灵。

换言之，显灵的两种主要环境——仪式和危机——互相贯通。在这两者之中，显灵都有可能回应于祈祷而发生。甚至于每年举行的游行中的显灵都有可能引发危机：例如，狄奥尼索斯在一个船形车中降临于安特斯节，似乎激发了狄奥尼索斯在被海盗绑架时的显灵（第二章），而游行中的显灵也有可能被利用、调整，来解决一个不期而遇的危机状态：最早为人所知的例子是由一位高大的年轻女子扮成雅典娜，护卫庇西特拉图（Peisistratus）进入雅典（希罗多德，1.60）。很久之后，爱菲索斯（Ephesos）人把安东尼称为"狄奥尼索斯"，护卫他进入他们的城市（普鲁塔克，《安东尼传》，24）。在后面这两个例子中，都利用了游行中的显灵来树立或提供一种凡人的（危险的）力量——稍后我会回到这个话题。

欧里庇得斯《酒神伴侣》中的显灵

在《酒神伴侣》中,合唱队提到他们把狄奥尼索斯从弗利吉亚山上护送(*katagousai*,85)到希腊的街道上,引起了Katagōgia,就是狄奥尼索斯在游行行列中进入一座城市。在开场中,狄奥尼索斯早已强调,他有意对所有底比斯人显现为一位天神(47—48),并在这出戏的进程中作出更多显灵。《酒神伴侣》给我们提供了特别的机会,接触到各种形式的狄奥尼索斯式的显灵(就像它对狄奥尼索斯崇拜的其他方面所做的那样)。

尽管确保有快乐的结局,一个仪式还是有可能产生一个(暂时的)危机,这种仪式之一是神秘入会仪式(第五章)。其中,入会者之中的一场充满焦虑和沮丧的危机,可以由带来拯救的神的显灵而得以逆转。诸如此类的结果似乎发生在厄琉西斯(Eleusis)的神秘崇拜中。在《酒神伴侣》中,据说狄奥尼索斯"面对面"把他的**狂欢庆典**(*orgia*,神秘仪式或神秘物体)传授给了他的祭司。当他被国王彭透斯囚禁时,他失望的追随者(女祭司合唱队)召唤了他的出现(566,583),他突然现身,伴随着雷声和一场地震,毁坏了彭透斯的房屋,然后他把合唱队的恐惧转为欢乐。这段情节的大量细节与神秘入会仪式丝丝入扣（第五章），包括他的显灵，他在其中显现为一道"光"，受到合唱队的欢迎，但是——令人恐惧地——受到了彭透斯的打击（630—631）。在这里，一个仪式性的显灵安排在神话中，就像发生在一个危机环境中一样：狄奥尼索斯被囚禁导致了合唱队的脆弱。

他在彭透斯面前的显现发生在这个尊贵府邸的封闭空间。狄奥尼索斯擅长在封闭空间里显灵。我们已经看过埃利斯的例子（第二章）。当米亚斯的女儿们拒绝离开她们的房子去加入对他的崇拜，她们的织布机上长出了常春藤和葡萄藤，毛线篮里出现了蛇，天花板上滴下牛奶和葡萄酒。与这一事件相关联的是发生在彼奥提亚（Boeotia）的奥尔霍曼诺斯（Orchomenos）的称为阿格里奥尼亚节（Agrionia）的庆典上出现的一种仪式。

尽管狄奥尼索斯就在现场，彭透斯——他不怀虔敬——却无法看到他（500—502）。但是，彭透斯在一场"轻度的疯狂"中"心智失常"后（850—851），他打扮成女祭司，神奇地改变了他对新崇拜的态度，从挑衅到着迷的温顺，并且把狄奥尼索斯看作是一头公牛，于是，狄奥尼索斯告诉他"现在你看到了你应该看见的了"（924）。阿高厄（Agaue）被狄奥尼索斯"附体"（1124），女祭司 entheoi（"神灵仕身"：索福克勒斯，《安提戈涅》，964）。柏拉图特别提到，这些女祭司"在被神灵附体的时候，从河流里汲取蜜和奶，而当她们清醒的时候就不这样"（《伊翁篇》，534a）：他以此来比较诗的灵感。事实上狄奥尼索斯正是后者的一个来源，譬如当他显灵给罗马诗人贺拉斯（Horace）时那样（《颂歌》[*Odes*]，2.19）。斐洛（Philo，公元1世纪）写道，酒神的崇拜者只有看到他们所向往的，才会兴奋起来（《论沉思冥想的生活》[*On the Contemplative Life*]，12）。

一位神灵的显灵可能完全来源于仪式中预先设计的热情。在古典时代的古希腊瓶画中，狄奥尼索斯经常跟一群女祭司一起出现。而在公元前1世纪，狄奥多罗斯记录了"很多希腊城市里"的狄奥尼索斯崇拜的习俗，包括很多已婚妇女成群结队，"通常为狄奥尼索斯的**在场**（*parousia*）而唱赞歌，模仿女祭司的做法，她们是这位神的伴侣"。狂欢队是一群终有一死的凡人，但也是神的永恒的伴侣。

在下一幕中，彭透斯被护送到牧人山（Mt.Kithairon）去窥探女祭司。合唱队唱起一首气势汹涌的歌，其顶点是呼告狄奥尼索斯降临，化作牛、多头蛇或燃烧着熊熊火焰的狮子，面带笑容，把一条致命的绳子套绕在彭透斯身上。这让我们想起狄奥尼索斯之前对彭透斯显现为一头牛的形象，看起来像是我们从别的文本中了解到的祈祷。埃利斯的女人唱道,"来吧,英雄狄奥尼索斯,来到依莲(Elean)纯洁的圣殿,带着美惠女神(Graces),来到圣殿,扬起你的牛蹄冲向前",然后两次唱到"尊敬的公牛,尊敬的公牛"(普鲁塔克,《道德论集》,299b)。来自幼发拉底河上的要塞杜拉欧罗普斯(Dura Europos)的公元3世纪的一幅粗糙雕刻致使狄奥尼索斯"大笑起来",并且似乎也把狄奥尼索斯称为Einosis,亦即"地震"——在《酒神伴侣》中,狄奥尼索斯也曾激起了一场地震,震动了彭透斯的房屋。看来,在杜拉欧罗普斯,狄奥尼索斯的显灵是作为一场地震而被引发的。有各种办法和各种程式,可以让狂欢队或整个城邦激发或欢迎盼望已久的狄奥尼索斯的降临:例如传统的呼告**伊安科**(Iakche)和**酒神颂歌**(*Dithyrambe*),或者在雅典人的勒纳节(Lenaia)庆典上,习惯程式中的"呼告上帝",以及回应以"财富给予者塞米里安·伊安科(Semelean Iakche)"。狄奥尼索斯通过勒拿湖(Lerna)下降到阴间,然后照例被号角声从水中召唤出来(第六章)。

狄奥尼索斯显灵时的自由自在,与他无时无刻、无处不在的**流动性**(*mobility*)是一致的。确实,他有相对来说较少的几所精致的庙宇。而他看起来更倾向于摧毁建筑,而不是建造它们。他未曾建议建造庙宇,如《荷马颂诗:致德墨忒耳》(*Homeric*

Hymn to Demeter)中的德墨忒耳所为。在城邦酒神节中,他的雕像被送到(露天的)**剧场**(*theatre*)。在《酒神伴侣》中,底比斯的女祭司从她们家里赶出来,坐在"没有屋顶的"岩石上(38)。来自萨索斯(Thasos,公元1世纪)的一则碑文献给狄奥尼索斯"一座天空下的庙宇……一个四季常青的洞穴"(Jaccottet,31)。

回到《酒神伴侣》。狄奥尼索斯把彭透斯安置在一棵树顶上然后消失了。可以听到他的声音,催促疯女杀了彭透斯;天地间出现一道神圣的火焰,安静遍布四周。彭透斯死后,最终的显灵采取了所谓"**机械降神**(*deus ex machina*)"的形式,就是那种戏剧套路:一位神灵出现在一出悲剧的结尾,给出关于未来的建议,把混乱的行为引向一个有序的结局。考虑到狄奥尼索斯崇拜中的悲剧起源,以及最早期的很多主题中的狄奥尼索斯式的性质(第七章),狄奥尼索斯在此显现,在底比斯建立对他的崇拜,并且让流亡中的统治家族的幸存成员安定下来。这可以视为一个(公元5世纪后期的)例证,来说明作为若干悲剧结尾的狄奥尼索斯原型模式的显灵场景是什么样的。

显灵与社会

狄奥尼索斯在游行中的显灵意在庆祝这位神的传奇般的初次降临，而这些神话故事通常包含着一段拒绝他降临的插曲，譬如戏剧性地表现在《酒神伴侣》里的底比斯神话那样。我们已经看到（第三章）狄奥尼索斯－厄琉特罗斯（即"城邦酒神节"）的戏剧庆典之原因论传说的一个例了。另一个事例是狄奥尼索斯针对米亚斯女儿们的拒绝而显灵，与奥尔霍曼诺斯的仪式有关的一个传说。这些因拒绝或忽视而导致可怕结局的传说，具有保证崇拜仪式长久延续的功能。

由于忽视公共崇拜仪式而导致社会分解，通常表现在关于**疾病**（*disease*）的神话中。而狄奥尼索斯通常被设想为净化者或治愈者，如此书结尾所引的索福克勒斯的片段。他的治愈力量在于通过公共仪式和他作为外来者的身份而达到社会统一。正如我们前面看到的帕特雷的狄奥尼索斯－**艾希奈特斯**（*Aisymnetes*，第三章），一位来自异地的神灵的陌生性质有助于使人着迷、整合公共性。在莱斯博斯岛附近海域发现的木制面具具有某种神性的东西，但是也有一种**陌生的**（*Xenos*）性质，被当地人当作狄奥尼索斯米加以崇拜（保塞尼亚斯，

10.19.3）。

《酒神伴侣》也给我们一种感觉，如同我们之前注意到的，狄奥尼索斯作为一个神灵，不知为什么，比其他任何神灵都更接近于人类。他的母亲只是一个凡人，是卡德摩斯（Kadmos）的女儿。贯穿全剧大部分时候，他都是一个人的形象，与各色人等互动，只是被他的信徒发觉是一位神。在现存最早的关于他的叙述中，在荷马那里仅有一次出现，狄奥尼索斯惊恐地逃离赖库尔戈斯王，进入大海里的忒提斯的怀抱（《伊利亚特》，6.136—137）——不像在特洛伊城外的战斗中受伤的阿芙洛狄忒，狄奥尼索斯并不是逃到奥林波斯，他从一个凡人那里逃离，而又完全属于这个世界。

然而，后来，他在表面看来软弱无力的屈服（在《荷马颂诗》中对海盗，在《酒神伴侣》中对彭透斯王）通过显灵而转变成相反的另一面，这种激动人心的转变在某些方面类似于《使徒行传》（*Acts of the Apostles*）中保罗（Paul）和西拉（Silas）从监狱中解脱出来（第九章）。人类被疏离的软弱无力既在于服从他人，也在于与神灵的力量之间的不可知的隔绝。凭借狄奥尼索斯突如其来的密切在场，从屈服于他人的危机中解脱出来，这就把上述两种形式的软弱无力同时转变过来，因此，这就恰如其分地被想象为凭借神秘仪式突然赋予的极乐，尤其是当它发生在狄奥尼索斯本人的形象发生类似的转变——从软弱无力的人类囚徒到全能的神——的时刻。

狄奥尼索斯被寻常凡人赶走或囚禁,或者直接消失(例如普鲁塔克,《道德论集》,717a),但是终于凯旋:他总是伴随着**胜利**(*victory*,例如《酒神伴侣》,1147,1161)。事实上,表示凯旋的希腊语 thriambos,最早就是出现在对狄奥尼索斯的祈祷中(普拉提那斯[Pratinas],*PMG*708),它也是狄奥尼索斯的一个称号(也是一首歌的名称)。在后来的文本中,凯旋行进活动的起源据说与狄奥尼索斯有关(狄奥多罗斯,3.65.8;阿利安[Arrian],《远征记》[*Anabasis*],6.28.2,等等)。他进入一个共同体不仅仅只是一场到达,而是伴随着他对于消失、抗拒,或抓捕的胜利,伴随着共同体的团结统一(想象为从疾病中得到"净化"),并且伴随着春天的到来,就像下面这首匿名的歌里唱的:

我们要歌唱狄奥尼索斯

在这神圣的日子里,

他已经消失了十二个月,

季节(或"他的赠礼")来临,鲜花遍地。

(*PMG* 929b)

我们已经看到（在第三章），正是民主制度的解体，使得显灵式的荣誉可以容许给予身为凡人的胜利者。例如强有力的军事首领德米特里·波利奥克特斯（Demetrius Poliorkētēs）游行进入雅典，就像一位神（雅典人这样歌唱），不是用石头或木头做成的，而是真实的、在场的、可见的，不像其他神那样。据说，他们为了对他表示敬意，甚至把狄奥尼索斯节改名为"德米特里亚"（Demetria，公元前294年）。用于迎接神圣的外来者（他的显灵给城邦带来了福祉）的共同仪式改造成适合于新的政治环境。正因为他是所有神灵中最为现场可见的，尤其是在他的游行显灵中，所以狄奥尼索斯才可以仅凭一个凡人来体现。

即便是这位神的最著名的（从印度）凯旋行进，它的灵感也来源于一位凡人即亚历山大大帝对印度的征服。安东尼掌握地中海东部期间，于公元前41年进入爱菲索斯，被爱菲索斯"整个城市"颂扬为狄奥尼索斯（普鲁塔克，《安东尼传》，24）。在雅典，"雅典人和他们的妻子儿女"也是如此（塞涅卡[Seneca]，《老年集》[*Suasoriae*]，1.6）。后来，安东尼在亚历山大城，注定要屈服于正在前来的屋大维的军队，就在将近午夜时分，突然听到音乐、歌声、呼喊声、热闹的叫声和萨提尔的跳跃声，就好像一个狂欢队正在离开"城市中心，去大门口面向敌人"。

普鲁塔克补充说(《安东尼传》,75),这个迹象被视为安东尼已经被他先前专门模仿和跟随的神所放弃。再一次,但这一次是为了表达安东尼的绝望孤立,引发了整个城邦的一场庆祝。在希腊诗人卡瓦菲(Cavafy,1863—1933)写的《神离开安东尼》("The God Leaves Antony")中,这个思想有所发展:离去的"神秘狂欢队"是一个奇妙的事件,尽管它意味着卡瓦菲所爱的故土亚历山大城的陷落。

公开显灵与私密显灵

现在已经清楚了,有两种狄奥尼索斯式的显灵:一种是公开显灵,其中想象的神灵是整个共同体集体兴奋的焦点;另一种是更为私密的显灵,在已经入会了的狂欢队的封闭圈子内部。这两种都在《酒神伴侣》予以戏剧性表现的原因论神话中有所预示,而且它们可能发生在同一个庆典之中(第五章)。例如,在安特斯节上表演的不仅有狄奥尼索斯在船形车里到来的公共游行,也有一系列秘密活动,由一小群女人(也许是在游行的终点)实行,其中之一是"国王"即地方行政长官的妻子在神圣婚礼中被"奉献"给了狄奥尼索斯。在这两种仪式中,无论是公开的还是私密的,神都**在场**(*present*),但是我们没法说是什么形式——作为一个形象还是一个扮演者，或者别的什么方式，甚至更为依赖于想象。但是一个著名的阿提卡瓶画系列（例如图3）描绘了由一小群女人实行的仪式，其中，狄奥尼索斯现身在场所采取的形式是很清楚的：它包括设置在棍子或柱子上的面具，通常是有布遮住的（这可能是也可能不是安特斯节上实行的秘密的女性仪式）。

狄奥尼索斯的**男性**（*male*）信徒做些什么呢？在安特斯节上，萨提尔们被描绘成吹奏着管乐，在船形车里跟狄奥尼索斯在一起。他们想必是由市民扮演，与其他穿戴成萨提尔的不计其数的庆典参与者相比，他们跟这位神的关系更近一点。一般说来，一小群信徒会比整个城邦跟神之间更为亲密。狄奥尼索斯与他的同伴即狂欢队之间的亲密关系，是这位神的一个与众不同的基本特征。这作用于相互渗透的两个层面：凭借着装、化妆的男性信徒，在想象中构拟出他的神秘同伴（萨提尔、女祭司或仙女），这些凡人信徒会被想象成是模仿或体现这些同伴。

在神话的层面上，最早提到的狄奥尼索斯的同伴是他的"保姆"（实际上关系密切），她们跟她们的神一起受到了吕科尔戈斯王的打击（《伊利亚特》，6.132—136）。在《酒神伴侣》中，由吕底亚女祭司组成的狂欢队因她们的神被囚禁而落寞凄凉，担心她们自身的安全，然后，在他奇迹般地归来时，快乐压倒了恐惧。至于神话中的男性狂欢队（萨提尔），在现存的唯一的萨提尔戏剧即欧里庇得斯的《独眼人》（*Cyclops*）中，萨提尔合唱队伤感地诉说："哦，亲爱的人，亲爱的巴克斯，你在哪里，摇荡你那美丽的头发？"（73—75）而在这出戏的最后一行，他们从波吕斐摩斯（Polyphemos）那里解放出来，重新参与侍奉狄奥尼索斯，直到永远。

酒神与狂欢队之间这种亲密关系，在世界各地的博物馆都能见到，在不计其数的阿提卡瓶画中，狄奥尼索斯出现在很多画面上，伴随着他的心醉神迷的狂欢队，由女祭司或萨提尔（或两者一起）组成。这些场景可以被想象成神话传说，但是它们很难说**只是**（*mere*）幻想。它们对于真实的人类活动层面的反映，甚至就有可能包含酒神本身在内，因为我们记得，迷狂使得女祭司从河水中汲取奶和蜜，并且看到"她们所向往的"。同样，尤其是在与祈祷相结合之时，会使得她们——就像疯狂的彭透斯"心智失常"并处于一种"轻度疯狂"——体验到酒神的显灵。

小结

狄奥尼索斯尤其喜欢显灵。有助于理解它们的关键文献是欧里庇得斯的《酒神伴侣》，它戏剧化呈现了关于他的崇拜仪式的一种原因论神话。这出戏包含酒神的显灵，或者毋宁说是一系列显灵，既有公开的（对整个城邦），也有私密的（对他的狂欢队，或者在神秘的仪式中）。这个神话乃是关于抗拒酒神而产生的危机。但是这些危机导致了崇拜仪式的确立，其中，有助于让群体（城邦或狂欢队）团结起来的各种显灵是由仪式所引发和控制的。

五、神秘崇拜

引子：什么是神秘崇拜？

对于古希腊人来说，神秘崇拜是一种重要的仪式，与之相似的一些仪式也出现在数不胜数的前现代文化中。但是两个特定因素降低了它对我们的可接近程度。它是在隐秘面纱之下的古老遗迹。而随着基督教的胜利，它已经从欧洲消失。在现代工业社会，它似乎已经没有立足之地（或者，顶多也是在非常偏远的地带）。

神秘的入会是一种过渡性的仪式。也就是说，通过这种仪式，它从根本上改变了一个或更多人的状态或地位。我们所熟悉的一种过渡性的仪式就是婚礼，它完成了进入婚姻状态的一个转变。神秘崇拜包含个人结合（或"入会"）于一个真实的或想象的群体，它至少有一部分属于另一个世界。入会者选择了经历一个秘密的、令人恐惧的仪式，它包含一个转变，从一个局外人的焦虑不安的茫然无知,通过一种体验,就像经历死亡,或者参与揭露(有时是一些神圣的对象),从而作为局内人(新入会者)进入一种新奇的极乐状态。作为一种对于死亡的预演,它可能(就像现代的濒死体验那样)移除对死亡的恐惧。

这当然是一种粗略的解释,它可能不适用于所有例子,某种崇拜可能实行于各种不同地方,经历很多世纪,向很多不同的神灵致敬(尤其是狄奥尼索斯、德墨忒耳、伊希斯、阿提斯)。然而,这些各式各样的神秘崇拜看起来有一种相似的结构。特别是狄奥尼索斯的神秘崇拜在某些方面看起来确实类似于更为人所知晓的厄琉西斯的德墨忒耳和她女儿科尔(Kore)的神秘崇拜。但是,厄琉西斯人的崇拜仪式虽然影响广泛,却属于一个特定地点。相比之下,狄奥尼索斯的神秘崇拜没有单个的总部或控制机构,因此,在它得以实行的各个不同地方和很多个世纪里,它展现出了比厄琉西斯更大的多样性(并与其他神秘崇拜有部分重叠)。

考虑到这些困难,似乎不可能为狄奥尼索斯神秘崇拜中发生的事情作出一个简单的描述。我们所能做的是,仔细考量来自各个不同时间和地点的最重要的信息碎片,并且强调某些基本的、重复出现的特征。

在我们有证据表明其存在着的很多个世纪里,狄奥尼索斯的神秘崇拜在何种程度上保持不变？一方面，在仪式中似乎有一些重要的变化：例如，似乎从公元前1世纪以来，"**利克农**"（*liknon*，参见页61）①的频繁使用。在社会、政治环境中也发生了一些重大意义的变化，例如希腊化时期的古希腊君主制的建立，可能会使神秘崇拜，或者至少使它的社会意义产生重要变化。狄奥尼索斯神秘崇拜可能显现为对于政治秩序的一个威胁（《酒神伴侣》，李维，39），或者——也许部分是因为它潜在的颠覆性——被整合进政治秩序之中（就像某些碑文似乎暗示的那样）。

另一方面，就像我们在第一段里描述的那样，狄奥尼索斯神秘崇拜的基本特征似乎保存在大多数希腊–罗马遗迹中。我们将在后面再次看到狄奥尼索斯神秘崇拜被描述为"古老的"。确实，我们关于这个仪式的描述在不同阶段有所差异。但是这可能有一部分是因为在每个阶段，偏向于以一种不同的证据——不管是碑文、戏剧、文献、哲学的或基督教的，还是在瓶画、纸莎草纸、壁画、浮雕或马赛克——占主导地位。尽管如此，在崇拜仪式的某些细节中还是能够追踪到连续性。一个例子是**腰带**（*belt*）的重要性：公元前5世纪，在入会者彭透斯那里可

---

① 一种类似簸箕、用来扬谷的农具。——译注

以注意到它(《酒神伴侣》);1000年之后,它也被用于神秘入会(普罗克洛斯)以及一尊狄奥尼索斯雕像的世俗神性化(马克罗比乌斯保存的一首俄耳甫斯教诗)。而在这两者之间,它出现的次数不可计数,包括狄奥尼索斯习俗的视觉表现,以及在公元2世纪的一个碑文中标示的入会仪式的不同等级(来自新托雷[Torre Nova])。

最初四个世纪

在我们现存最早的古希腊文学《荷马史诗》中,没有提到任何一种神秘崇拜。由此,一直有人推断,在史诗创作的时代,还不存在这种崇拜仪式。但这是一个错误的推断。神秘崇拜可能很容易就被荷马史诗忽略了。我们已经看到,荷马式的英雄思想意识倾向于排斥和贬低狄奥尼索斯(第三章)。再者,作为这种思想意识的一部分,在另一个世界里,英雄是他现在生活着的自我的一个阴暗、脆弱的残余——截然不同于经过神秘入会之后在另一个世界里得到的快乐。我们最早的关于神秘崇拜的详细证据是《荷马颂诗:致德墨忒耳》,它写作于公元前650至前550之间的某个时候——并非出于荷马(尽管标题如此)。它详细叙述了厄琉西斯神秘崇拜的神话般的建立,包括德墨忒耳的陈述，说它的作用是保证它的入会者在另一个世界里得到一部分好东西。它所叙述的某些细节，比如饮用一种叫"**可口**（*kykeōn*）"的特殊饮料，显然对应于厄琉西斯的入会仪式中实施的行为。仪式投影于神话里的叙述。

至于狄奥尼索斯的神秘崇拜，一直有人论证（据伊斯勒－克伦尼［Isler-Kerényi］）说，在公元前6世纪的阿提卡瓶画中有所启示。归于后来一些作者（值得注意的有保塞尼亚斯，8.37.5）的著作写到奥诺马克里托斯（Onomacritus）的模糊形象，我们知道他活动于公元前6世纪末的雅典，这说明有可能——但也只是有可能而已——他会在那里插手组织狄奥尼索斯神秘崇拜。

为了下一个证据，我们来到古希腊世界的两个相反的端点。来自意大利南部的库美（Cumae）的一则碑文，通常断代为公元前5世纪上半叶，它禁止任何人安葬"在此地"（也就是说，大概是专用土地），如果此人不是bebakcheumenos（在某种意义上是"成为酒神的人"）——可能也就是说，已经入会于一个狄奥尼索斯式的群体。在古希腊世界的另一端，在黑海北部的奥尔比亚城（Olbia）出土了大量小骨板，似乎是入会于神秘崇拜之后的代金券。其中的三片，断代为公元前5世纪，刻有各种题词，包括狄奥尼索斯的名字，还有"生死生（life death life）""和平战争（peace war）"和"真理错误（truth falsehood）"之类的词。根据希罗多德的记载（4.79），正是在奥尔比亚城，发生了亲希腊的塞西亚（Scythian）国王斯凯勒斯（Skyles）的狄奥尼索斯式的入会仪式。在他入会之前，他那巨大而奢华的宫殿被酒神所发射的雷电烧成了平地。这让我们想起彭透斯的房屋的摧毁，在欧里庇得斯的《酒神伴侣》中，这位暴君拒绝在底比斯建立狄奥尼索斯崇拜。在这两个例子中，似乎一个想象的仪式因素（一场雷电）进入了叙述。《酒神伴侣》无疑提到了神秘崇拜（例如 72—73，465—474）。事实上，正如《荷马颂诗：致德墨忒耳》是在细节上与厄琉西斯入会仪式对应的叙述，同样，《酒神伴侣》也戏剧化地呈现了一个神话传说，对应于狄奥尼索斯式的入会仪式。其中，彭透斯的奇怪行为和经历属于一种叙述策略，折射出入会者焦虑的抵抗。古代的过渡性仪式，比如神秘崇拜或婚礼，倾向于允许有不情愿的表达（来自入会者或新娘），好让它可以最终得到克服——在仪式中，尽管不一定在相应的神话传说中。当然，神秘仪式的极乐结局不能公之于众，因为如果那样的话，入会者就感受不到必要的恐惧。因此，彭透斯的杀戮必须是真实的，而不只是一种仪式性的表演。

如果加以恰当的理解，《酒神伴侣》是至少在公元前 5 世纪末的狄奥尼索斯式入会者之主观体验得极为有用的证据（当然，并未予以**直接**［*directly*］反映）。例如，狄奥尼索斯对彭透斯说到神秘入会仪式时所用的谜语般的语言，对应于神秘转变的最初阶段用来迷惑和诱引入会者的谜语般的语言。然后，在他最终失败了的，试图把狄奥尼索斯囚禁在他黑屋子里的过程中，彭透斯展现出了极其异常的行为，而这些行为在很多细节上对应于我们所知的那些描述，关于神秘入会者最初的焦虑。例如，当彭透斯的焦虑达到顶点，出现了一道巨大的光，他用剑刺它，确认它就是酒神（不理解这一神秘隐喻的编者通常把手抄本中的"光"改为"幽灵"）。这对应于带来解放的神奇的光（在黑暗中）。虽然那些被隔离的、恐惧的合唱队成员为狄奥尼索斯欢呼，称他为"最大的光（greatest light）"，彭透斯还是令人震惊地坚持顽固的敌意。

为什么他坚持不懈的敌意如此令人震惊？因为在黑暗中显现的光把入会者暗昧无知的痛苦转变成了开明有识的快乐，而且，更有甚者，普鲁塔克（残篇，178）比较了灵魂在死亡中的体验与神秘入会仪式：他描绘了各种焦躁不安的体验（很像彭透斯那样），它们由于黑暗中出现一道神奇的光而转变为极乐。这个片段表明，古希腊人意识到了神秘的入会仪式与濒死体验之间的相似性。过去二十年来对濒死体验的广泛研究已经揭示了这种体验的一个核心，在各种极为不同的文化中都有发现。这一核心的一个常见元素是"有光（being of light）"，一道神奇的光，把焦虑转变为极乐，它也可能以某种方式是一个人。这个人的身份因文化而有别：例如，对于一位基督徒，这个人可能具有耶稣的特征。普鲁塔克所描绘的光不是一个人，但是，我们在《酒神伴侣》看到的片段中，它两次都确定是狄奥尼索斯。

后来，彭透斯允许别人给他穿上女人的衣服，当一个女祭司。在我看来，这反映了过渡性的仪式中性别反转的特征。狄奥尼索斯的女人气和异装癖表现在公元前5世纪（《酒神伴侣》353；埃斯库罗斯残篇，61）到公元6世纪（吕多斯［Lydus］，*De Mensibus*160）的各种文本中，以及各种绰号和视觉表现中。它是——至少一部分是——他的仪式中施行异装癖的投影。他自己从瑞亚（Rhea）那里接受一件外套，入会于她的奥义（阿波罗多洛斯［Apollodorus］，《书目》［*Bibl*］3.5.1）。

对《酒神伴侣》的这个解释得到了狄奥尼索斯神秘崇拜的其他证据的确证。例如，我们很快将会看到，在庞贝古城（Pompeii）的神秘庄园中关于狄奥尼索斯入会者的焦虑的另一个引人注目的形象。基督徒作者奥利金（Origen，《驳塞尔苏斯》［*Against Celsus*, 4.10］）提到狄奥尼索斯入会仪式中的幽灵和可怕的东西（phasmata 和 desimata）。而梦见狄奥尼索斯意味着"从糟糕的东西中解脱出来"(阿特米多鲁斯[Artemidorus],2.37),这种信条肯定来源于神秘入会仪式。在《酒神伴侣》中,当彭透斯在将要被肢解的路上,穿成女祭司的样子从屋子里出来的时候,他说他看到了两个太阳和两个底比斯城。这让我相信镜子在狄奥尼索斯神秘崇拜初始阶段的广泛运用,来诱引和迷惑入会者。同样,在与神秘入会仪式有关的一个神话中,也有一面镜子,用来诱惑狄奥尼索斯,使他被巨人们肢解。我已经在我对《酒神伴侣》的评论中,详细论证了这些和其他此类相关物件,它们太详细了,数量巨大,以至于很难说它们只是巧合。

几乎可以肯定无疑,在这出戏的结尾,狄奥尼索斯的讲话的遗失部分——他宣布了他的崇拜仪式在底比斯的建立。《酒神伴侣》戏剧化地呈现了底比斯的狄奥尼索斯崇拜的原因论神话,也就是解释并叙述其建立的神话。如此,它不仅预示了神秘的崇拜仪式,以及只为入会者所知的秘密,而且预示了对所有人开放的庆典。实际上,当忒瑞西阿斯去山坡上向狄奥尼索斯祈祷时,他强调酒神要求得到所有人的尊敬。这种表面上的矛盾实际上对应着狄奥尼索斯崇拜仪式中的一项持续出现的特征,秘密的神秘崇拜仪式的庆祝活动在整个城邦的一场庆典的核心(见下文)。

在阿里斯托芬的《蛙》(公元前405年)中,尽情享受着地下世界的厄琉西斯入会者合唱团发表了一个宣言，那是在神秘崇拜仪式之前发布的宣言，就是那些（357，参见368）"未曾入会于吃牛肉的克拉提诺斯（Kratinos，另一位喜剧作者）的酒神仪式"的人，会被排除在他们的合唱团舞蹈之外。最近对阿里斯托芬的《蛙》的一个解释（据拉达-理查德［Lada-Richards］），让人理解了狄奥尼索斯的地下世界之旅大量借鉴于狄奥尼索斯的神秘仪式。《蛙》也属于那些文本，它们解释了狄奥尼索斯在厄琉西斯的神秘仪式中的作用（作为"伊阿科斯［Iakchos］"）。

关于这一阶段的狄奥尼索斯入会仪式的更为宝贵的证据，来自最早的所谓金箔片（gold leaves），即与死者一起埋葬的刻有题词的小小的黄金条带。尽管这些题词发现于古希腊世界的各个不同地域，但其内容显示出相当程度的重叠，因此表明它们来自具有同样的仪式和信仰的社会环境。几乎可以确信，这种仪式就是狄奥尼索斯式的神秘入会仪式。使用少量黄金并不意味着这些入会者非常富有，但至少排除了这种可能性：狄奥尼索斯的入会仪式总是属于最穷的人。这些死去的入会者（有男有女）随身带着一份记录，那是他们在入会仪式中预演死亡时所学到的关于地下世界的知识。

例如，来自意大利南部的希波尼昂（Hipponion，大约公元前400年)的一片金箔给入会者提示,在地下世界要怎么做,其中包括建议踩踏着其他"神秘入会者和**巴克乔**(*bakchoi*)"的路线行进。另一片金箔来意大利南部的图里(Thurii,公元前4世纪初期或中期),记录了仪式程式,包括"欢呼吧!你已经承受了以前从未承受过的。你变成了神,不再是凡人"。色萨利的拜利纳(Pelinna in Thessaly)的一片金箔(一对中的一片,公元前4世纪晚期)上有这样的话:

现在你死了,现在你进入存在,就在今天,受到三倍的福祉。

告诉普西芬尼(Persephone),巴克乔亲自解救了你。

公牛,你跳进牛奶。

你快快跳进牛奶。

公羊,你躺进牛奶。

你饮葡萄酒,作为你享福的荣耀。

在地下,等待你的是同样的仪式,与其他有福之人一样。

不管在这些令人费解的程式中所设想的究竟是什么,令人感兴趣的是,把人一方面与神分开,另一方面与动物分开的那些基本的界限都消除了,就像在狄奥尼索斯崇拜仪式中经常出现的那样。这种消除,以及男人与女人、活人与死人之间的混同,尤其可见于《酒神伴侣》（例如4，822，857，922）。我们注意到，对立者统一的思想也显著地表达在奥尔比亚的神秘骨板上。它对于前苏格拉底哲学家赫拉克利特（Herakleitos），同样还有在阿提卡悲剧中的重要性，我相信，至少有一部分来自神秘崇拜仪式。

在拜利纳的文本中提到的葡萄酒，可能适合于地下世界，或许也适合于仪式本身，这个仪式似乎预示着地下世界。其旁证是冥府（Hades）的新来者喝酒的想法（例如柏拉图，《理想国》，363cd："永久的沉醉"）。在第二章中，我们看到，葡萄酒的发明可能以某种方式在狄奥尼索斯的神秘入会仪式中重演，正如在一些可能是关于狄奥尼索斯神秘崇拜仪式的叙述中提到的葡萄酒的重要性。

关于神秘入会仪式中的饮酒，另一个公元前4世纪的提示，来自狄摩西尼斯（Demosthenes，18.259—260）对他的对手埃斯基涅斯（Aeschines）的抨击，以各种方式帮助他母亲所执行的入会仪式：读书，在夜间举行各种活动——把小鹿皮披在入会者身上，净化他们，用泥巴和麸皮涂抹他们，让他们使用混合各种东西的碗，在洗礼中提升他们，同时让他们说"我躲避了坏的，我找到了更好的"，以尽其可能地嚎叫（一种呼喊）来荣耀自己；而在白天，让漂亮的狂欢队穿过街道，他们头戴茴香和白杨枝,紧握着大头的蛇,举在头顶,叫着"Euoi Saboi",伴随着"Hyes Attes,Attes Hyes"的叫喊声跳舞,受到老女人的迎接,她们是作为"引路人、指导者、挎篮者(Basket-bearer,kistophoros),以及挎扬谷篮者(Winnowing-basket-bearer,liknophoros)",并且收到各种各样的蛋糕作为报酬。狄摩西尼斯总结说,有了这样的奖励,谁不会真正把自己当一回事,认为他的命运有神灵庇佑?这一系列细节令人印象深刻,但是必须谨慎对待,尤其重要的是因为狄摩西尼斯的目的在于嘲讽。

这种入会仪式的某些细节表明它属于弗利吉亚人的神萨巴齐奥斯(Sabazios),另一些则表明它属于狄奥尼索斯。也许,它属于这两位神的综合体,得益于两者与弗利吉亚的关联。通常说来,不同的神的神秘崇拜仪式往往互相渗透,这是功能(永恒的福祉)和结构的相似性造成的。因此,好比我们已经看到的,拜利纳的文本在一句话里同时提到了普西芬尼(厄琉西斯的秘密仪式的核心)和狄奥尼索斯。狄奥尼索斯(作为"伊阿科斯")在厄琉西斯人的秘密仪式中很重要。

上面提到的奥尔比亚骨板之一也含有"俄耳甫斯教(Orphic)"一词。神秘崇拜仪式有一种倾向,就是把秘密仪式的发明和神秘智慧的记录归结于某个神秘形象。其中之一就是"俄耳甫斯（Orpheus）"，他关联于厄琉西斯的神秘崇拜仪式，并且据说还建立了狄奥尼索斯神秘崇拜，以及"俄耳甫斯教"的神秘崇拜，后者重叠于狄奥尼索斯神秘崇拜，并且把狄奥尼索斯在巨人手里被肢解作为核心神话。在公元前5世纪的一个悲剧中，忒修斯恼怒于他所认为的他儿子希波吕托斯（Hippolytus）的傲慢态度，讽刺地告诉他"跟你主人俄耳甫斯成为巴克乔，致敬诸多著作的烟雾缭绕"（欧里庇得斯，《希波吕托斯》，953—954）；在下一个世纪，柏拉图抱怨洗礼和神秘崇拜仪式的承办者，说他们产生了"慕赛俄斯（Musaios）和俄耳甫斯的著作的一片混乱"（《理想国》，364e）。

在他的《费德若篇》中，柏拉图把神圣的疯狂划分为四种类型，每一种都属于一位神，把"初步的（telestikē）"疯狂分派给狄奥尼索斯（265）。在同一篇对话中，也提到了入会仪式（teletai），其中，将从苦难中的解脱，提供给那些"以正确的方式疯狂"的人（244e）。我将在第八章回到这个重要的片段。在其他地方，柏拉图提到"洗礼和入会仪式"，包括模仿宁芙（Nymphs）、潘（Pans）、希伦（Silens）和萨提尔（《法律篇》，815）。他经常使用神秘入会仪式的语言和结构来表达哲学真理，引人注目的是在他的《会饮篇》和《费德若篇》里。这并不意味着他把神秘崇拜仪式本身视为基本智慧的源泉。同样，以弗所（Ephesus）的赫拉克利特，他是迄今所知的最早使用来自神秘崇拜仪式的术语和思想的哲学家（活跃于大约公元前500年），他谴责实际施行的神秘崇拜仪式——甚至也有报告说——以死后的惩罚来威胁 *mystai*（"**入会者**"）和巴克乔（也包含其他人，B14D—K）。赫拉克利特和柏拉图的言外之意可能是，他们的智慧是比神秘入会仪式中所揭示的更为真实、高级的形式。正如我们将在第八章里看到的，其他一些知识分子将会采取一个类似的立场。

还是在公元前4世纪，亚历山大大帝的母亲，马其顿王后奥林匹亚斯（Olympias），施行了狄奥尼索斯崇拜仪式，其中有驯服的蛇从神秘的扬谷篮（likna）里滑出——至少在数个世纪之后，普鲁塔克是这么告诉我们的（《亚历山大传》，2）。进入希腊化时代，我们发现，在公元前282—前246年在位的托勒密二世菲拉德尔夫斯（Ptolemy II Philadelphus）治下，在亚历山大城举行的大游行中，有让人想到狄奥尼索斯神秘崇拜仪式的舞台造型。来自公元前276至前275年的米勒托斯（Miletos）的一个碑文中包含一个合同，出售狄奥尼索斯祭司职位给一个主持公开的狂欢队的女人，但是，这个碑文也准许任何女人，只要她愿意，成为"狄奥尼索斯的入会者"（也就是说，组成一个私密的狂欢队），条件是定期付一笔报酬给公共女祭司。

我们的下一个可靠证据来自埃及的沙漠中发现的公元前3世纪晚期的两份纸草书文献。埃及在公元前332年被亚历山大大帝征服之后，成为希腊文化的一个领先的核心。其中之一是一份残缺的纸草文书，来自谷罗布（Gurôb）的村庄，含有关于仪式的描述。它包含狄奥尼索斯在内的各个神灵的名称，还有一些实物的名称（圆锥体、牛吼器［bull-roarer］、跖骨、镜子），我们从后来的文本中知道，它们都是狄奥尼索斯神秘崇拜仪式中使用的象征物。在这里，它们似乎结合着来自其他神秘崇拜仪式的元素，尤其是萨巴齐奥斯和厄琉西斯的崇拜。在归属于狄奥克利塔（Theocritus，公元前3世纪）的一首诗里，在狄奥尼索斯神秘崇拜仪式中，圣物从一个篮子（kistē）里取出来，放置在祭坛上，但是只有入会者才能看到（26.8—9，13—14）。

这一阶段的另一个重要的莎草纸文书是所谓托勒密四世斐洛佩特（Ptolemy IV Philopator）的法令。它表明了我们在米勒托斯所看到的狄奥尼索斯秘仪的集中控制的扩散。在农村的那些"狄奥尼索斯入会者"被要求乘船航行到亚历山大城，以便登记在册。他们要弄清楚他们由之接受**圣物**（*hiera*）的那些人的祖宗三代，并且交付密封的**神圣文本**（*hieros logos*），上面写有每个入会者的名字。这些神秘仪式似乎更是王室的一种控制手段，而不是（《酒神伴侣》中那样的）其敌对的对象：有证据表明斐洛佩特严肃认真地对待他自己的入会仪式,并且他认为他的政权体制就是效忠于狄奥尼索斯。正是他的祖父托勒密二世菲拉德尔夫斯组织了酒神游行,带有来自狄奥尼索斯神秘崇拜仪式的舞台造型。在公元前2世纪,佩加蒙(Pergamon)的君主国甚至会把一个神秘仪式的象征——爬出篮子的一条蛇——印在广泛流通的"西斯托弗里克(cistophoric)"货币上。

古罗马时代的意大利

当古罗马把它的势力扩张到意大利南部时,它合并了一块土地,这里长久以来——并且继续——混杂着古希腊文化。这种文化包括狄奥尼索斯神秘崇拜仪式。由此而来的,在古罗马的权力和古希腊的狄奥尼索斯崇拜之间的冲突,其戏剧性并不亚于《酒神伴侣》中狄奥尼索斯和彭透斯之间的虚构的冲突。

喜剧作家普劳图斯(Plautus,活跃于公元前205年之后)在几个戏剧里提到了酒神巴克斯(Bacchus)的崇拜,例如在他的《金壶》(*Aulularia*,406—414)中;在另一个例子里,则提到了一种口头信号或暗号(《骄兵》[*Miles Gloriosus*],1016)——意味着神秘入会者之间的秘密的了解。在普劳图斯去世之前不久,公元前186年,意大利的狄奥尼索斯社团受到罗马帝国的镇压，李维（Livy）在他的罗马史第三十九卷里对此作了详细的记述。我们也有一个碑文，记录了反对崇拜仪式的元老院法令。普劳图斯在他的《卡西那》（*Casina*，一部晚期戏剧）里写道，"现在没有酒神的女人作怪了"——可想而知，这与镇压有关。

李维的记录来源于这一事件的官方版本，因此大可存疑。例如，在它的叙述中，崇拜仪式涉及锻造封印和遗嘱（一种典型的指控，表明它极度不可靠）。但是他所列举的有些做法，尽管有时候是一种扭曲的方式，却真正符合我们从其他来源得知的，似乎有可能发生在狄奥尼索斯神秘崇拜仪式中的事情。例如，据他说，这种崇拜仪式起初仅限于女人，男人是后来才被允许加入的。入会仪式包括让祈祷者依照仪式的程式（carmen sacrum）行事，旁边有祭司口授指令。这让我们想起金箔片上的神秘程式，以及狄摩西尼斯所描述的一个神秘程式中的口授笔录（见上文页 56）。

李维报告说，入会者被杀死（他们的尸体从未找到），而这个崇拜仪式的流行程度与日俱增，这些断言难以彼此一致。但是前者可能来源于以**想象**（*imagined*）中的死亡的恐惧来刺激入会者的做法，尤其是在李维的记述中以**献祭**（*sacrifice*）的形式杀人，这可能是狄奥尼索斯入会者也经常扮演的、想象的死亡。

在《酒神伴侣》、狄摩西尼斯和李维的记述中，这种神秘崇拜仪式据说是在**夜晚**（*night*）举行的，这个做法引起了彭透斯和古罗马当权者的猜疑，他们认为可能有不道德的性行为。

狄奥尼索斯神秘崇拜仪式及其所产生的社团之中，是什么引发了罗马帝国大规模的（明显是非典型的）镇压？彭透斯和古罗马元老院都感到一种威胁，来自他们视为一种新的外来崇拜的东西（对彭透斯来说它是野蛮人的，而对古罗马人来说它是古希腊的）。这位神叫作利伯尔（在古罗马等同于狄奥尼索斯，是他的名称），他既未出现在李维那里，也未出现在元老院的法令中，这证明他被人感觉是外来者。

但是实际上，狄奥尼索斯的神秘崇拜并不像李维所表示的那样，是意大利的新鲜事物。早在公元前5到前4世纪，它就存在于意大利南部的古希腊区域，而公元前3世纪的一些坟墓也证明它存在于古罗马。也许，对于古罗马当权者来说的一个重要因素是这个崇拜流行程度的增长，那时候，狄奥尼索斯神秘仪式在地中海东部的兴盛可能给他们造成了这个印象。

这个崇拜结合着相对复杂的组织机构（包括经济来源），带有秘密性，并且依照**个人选择**（*individual choice*）来入会（而不是循规蹈矩，听从地区、家庭、赞助人、传统、权威，等等），而这一切都在政治权威的控制之外。按照李维的说法，它让人感觉要构成"几乎是另一种人"（或者说"另一个社会"：alterum……populum）和一个旨在控制国家的"**阴谋（coniuratio）**"。个人选择看来是一个最初的证据，说明这个神秘崇拜具有一个区别于其他诸多仪礼的特征。有意思的是，在公元前73年的奴隶起义中，据说有一位斯巴达克斯（Spartacus）的女同伴为他作出预言，而她"着魔于狄奥尼索斯仪式"（普鲁塔克，《克拉苏传》，8.4）。

再者，在狄奥尼索斯那里——尤其是在他的神秘崇拜仪式上——我们已经看到，有一种**破除界限（destroy boundaries）**的倾向。古罗马当权者强烈反对崇拜仪式中的男女混杂，实际上也是反对男性入会者的女人气。而崇拜仪式混杂了来自截然不同的社会阶层的信徒，因而似乎挑战着罗马帝国的阶层结构。在《酒神伴侣》中，狄奥尼索斯被说成是坚持接受所有人的礼拜，一视同仁，而且他本人就是女人气的。崇拜的强烈程度，连同秘密的入会仪式和宣誓忠诚于某个为其成员所臣服的对象，这些都已经成为——或者看起来是——一个核心特征，超越了古罗马的既有秩序结构，威胁到对它的忠诚。据称，年轻的入会者看来不太像是好的战士。

镇压无疑仅限于崇拜仪式中看似具有政治威胁的形式。而有所限制的形式得以允许继续保持。再者，一些平民主义领袖的兴起，有可能也创造了更为有利于酒神的环境。马留（Marius，约公元前157—前86年）把军队征兵变得更具包容性，他是那些新型政治家的第一位，让军事胜利中兴起的追随者来统治古罗马。据说他曾经仿效利伯尔的样子（Val.Max.3.6.6），使用一种特殊的**饮酒杯**（kantharos）。一代人之后，另一位这样的领袖是尤利乌斯·恺撒（Julius Caesar，公元前100—前44年），有些学者相信他渴望成为希腊化类型的君主，甚至有人谣传他想要把罗马帝国的首都迁到亚历山大城（修顿［Sueton］，*Div. Jul.*79;Nik.Damask.20），那是狄奥尼索斯崇拜的一个中心，他在那里与埃及女王克里欧佩特拉（Kleopatra）共度了许多时光。很久以后的一份报告（塞维乌斯［Servius］论维吉尔［Virgil］，《牧歌》［*Eclogues*］，5.29）声称，毫无疑问，恺撒是把利伯尔的**崇拜**（*sacra*）引入古罗马的第一人。这个说法看来不太可能是真的，但是，它也反映了恺撒有兴趣使酒神崇拜复兴或正式定形，不管有没有神秘崇拜仪式。

无论如何，正是在恺撒逐步掌权的过程中，绘制了现存最令人瞩目的神秘入会仪式的视觉表现——在庞贝古城的爱顿庄园（Villa Item）或"神秘庄园（Villa of the Mysteries）"。这幅湿壁画在一座私人房屋的一个小房间的四面墙上，这幅壁画的巨大规模是一个明显的让据，说明这位富人对神秘崇拜仪式的遵从。由于其中的每一个场景一直都是争论的话题，因此不可能有一个确定的叙述，我只好作简短说明。构图的中心是狄奥尼索斯的形象，他坐着，懒洋洋地靠在一个女人的膝头，她要么是他的母亲塞墨勒（Semele），要么是（更有可能是）他的爱人阿里阿德涅（Ariadne）。在他们边上有个女人，正在揭开一个利克农中的一根阳具上的遮蔽。利克农是一种扬谷的篮子，出现在狄奥尼索斯神秘崇拜的其他（文本的或视觉的）证据中。在它旁边站立着一个女性形象，有黑色的翅膀，穿高靴子，她的左手摆出一个厌恶利克农的姿势，右手则在鞭笞房间角落另一头的一个跪着的、半裸的女人，这女人闭着眼睛（毫无疑问，是一位入会者），头靠在另一个（坐着的）女人的膝头。看起来正要揭开那个阳具给这个可怜的女人看（图4）。

是否有证据表明，实施鞭笞是神秘的入会仪式中的一种（净化的）磨难？在这里，这种行为似乎是被想象成比喻性的。那位（比喻性的）长翅膀的女人是谁？有不计其数的暗示，不可能得到确定。我比较喜欢的一种解释，就是无知（Ignorance），这个暗示尤其得到了来自哈德良时代（Hadrianic）的埃及的关于俄狄浦斯（Oedipus）的一幅壁画的支持，他受到无知——一个有标记的女性的人格化身，就像我们这里的长翅膀的女人，同样有身体姿态，但是没有棍棒和翅膀——的驱使，杀死他的

图4：庞贝古城的神秘庄园的壁画。来源：Photo @ 1997 Margaret M. Curran, 利奥·柯伦授权复制图片（Friezes from the Villa of the Mysteries, Pompeii. Source: Photo @ 1997 Margaret M. Curran. Reproduced by permission of Leo Curran）

父亲；同样支持这一暗示的还有阿喀琉斯·塔提乌斯（Achilles Tatius）的《克勒托丰和留基波》（*Cleitophon and Leucippe*，5.23.6）中的一段，其中，叙述者形容被打的体验："在神秘崇拜仪式中，我一无所知。"神秘入会仪式的效果有一个前提，就是起初的时候对于它的极乐的结果有一种令人痛苦而焦虑不安的无知（正因为如此，崇拜仪式必须是秘密的）。随着从无知到认知的转变（在阳具被揭示的时刻），那种引起焦虑的无知一定会突然消散。在另一个揭示利克农或西勒诺斯面具（Silenos-mask）的视觉表现中，一个长着翅膀的女人——用她的左手对于揭示作出同样的厌恶姿态——实际上正在离开它。

在那个被鞭笞的女人旁边，是一个跳舞的祭司（也许代表着随着令人痛苦的无知之后而来的喜悦），而在她的上方，一个新娘正在梳妆打扮，然后在与之毗连的墙上，一个坐着的成熟的女人似乎平静地回过头，穿过房间，看着那鞭笞的场景。

在狄奥尼索斯的另一边，是一组四个人的群像：一个坐着的西勒诺斯举着一个杯子，一个长着尖耳朵的年轻男子（想必是一个萨提尔）正往里端详，在他身后，另一个萨提尔举着一个凶猛的西勒诺斯面具。在墙角的另一侧，是一个女人，正在惊恐不安地离去，显然是因为那三个男人中发生的某些事情。那里发生了什么？有些学者认为那是油迹观察（lecanomancy，根据杯子中的液体的形状来占卜），另一些学者认为是镜像观察（catoptromancy，根据杯子的金属般的表面上的映像——也许是那个凶猛面具的映像——来占卜）。如果那个萨提尔是在看着一个映像，那么，它就可能与狄奥尼索斯神秘入会仪式中使用镜子有点关联。

那个惊恐的女人旁边，有一个田园诗般的场景，由狄奥尼索斯的神话般的男女追随者构成，而在他们之上则是一些仪礼的场景（引人注目的是一个小孩在读一个文本，还有洗礼的场景）。这些仪礼都由凡人实施，也许是为入会仪式本身的恐惧作预先准备而画的。那个阅读的小孩让我们想起埃斯基涅斯（Aeschines）通过阅读帮助他母亲，以及托勒密四世斐洛佩特的法令所提到的神圣文本。

概述一下整个序列：有一个酒神和爱人（或母亲）的内部群体，然后两边是神话形象，接着，在他们的外侧则是凡人，经由参与仪式，进入了神话的、神灵的领域。

古罗马帝国

正如《酒神伴侣》是狄奥尼索斯神秘崇拜的最丰富的文学资源，神秘庄园是最丰富的视觉资源。从那以后，有不计其数的证据（视觉的、文学的和碑刻的），但是它们之中的任何一条本身都几乎没有告诉我们这一仪式的核心。我将提到其中几条，从视觉的开始。

各种各样的艺术作品，大部分来自帝国时期（也就是说，从公元前31年之后）的古罗马的意大利，显示了狄奥尼索斯入会仪式的场景。尽管有所损毁，仍然也许是最清晰明确的，是出自奥古斯都（Augustus，公元前31年—公元14年）当政时的豪华别墅"法尔尼西那庄园（Villa Farnesina）"中的灰泥浮雕。而保存更为完好的是被称为"坎帕纳浮雕（Campana reliefs）"（公元前1世纪中期至公元2世纪中期）的陶土牌匾，其中有一些显示了狄奥尼索斯神秘崇拜仪式的元素。类似的还有各种不同的人工制品，最引人注目的是阿勒佐（Arezzo，奥古斯都时期）的马库斯·佩勒纽斯（Marcus Perennius）的作坊里制作的杯子，同样还有刻着浮雕的马赛克和石棺，来自公元1至4世纪罗马帝国的不同地区。

这些视觉表现中有三个普遍特征值得重点指出。首先是经常出现利克农，里面有要揭示给入会者的神圣物件（特别是阳具），就像我们在神秘庄园里看到的那样。其次是狄奥尼索斯的神奇追随者的在场，特别是西勒诺斯：这表明仪式包括打扮成神话传说的人物角色，面具的频繁出现也加强了这个印象。除了西勒诺斯面具之外，神秘庄园还给我们显示了不止一个萨提尔。第三，在某些表现中，入会者是孩子。

并不是说，所有这些场景都像神秘庄园的湿壁画那样，苦心经营地聚焦于一场狄奥尼索斯入会仪式。例如，看看石棺。从荷马时代以来的文物中（第六章），经常可以发现狄奥尼索斯与死亡之间的联系，而这种联系正是由神秘崇拜仪式为之铺垫的。有很大一部分石棺带有狄奥尼索斯式的幸福安乐（well-being）的场景：成群结队的人物形象，其中有些可以辨认出来是神话传说中的人物，比如阿里阿德涅或西勒诺斯，他们一起参与狂热舞蹈，饮酒作乐，酿造葡萄酒，为狄奥尼索斯的胜利游行，性爱行为，如此等等。考虑到它们是雕刻在石棺上的，所以这些场景一定联系着死者的幸福安乐，它们毫无节制的纵情声色与大多数基督教墓葬艺术的冷静持重形成对比。在某些场合，把狄奥尼索斯式的场景与另一个世界的关联确立起来的形象（特别是蒙着头的入会者，以及利克农，里面有遮盖着的阳具），并不形成一个完整的或详细的入会仪式的场景，但是不管怎么样，都会让人想起神秘的仪式程序，由此将会在另一个世界里获得狄奥尼索斯式的幸福安乐。

在一件狄奥尼索斯的艺术作品中，可能难以确定其形象与它所唤起的，在神秘入会仪式中暗示的另一个世界，这两者之间一致到什么程度。例如，在科隆（Cologne）的一个庄园发现的公元3世纪早期的一片马赛克中，表现了狄奥尼索斯、萨提尔、女祭司、一个牧羊人、潘、色情画、音乐和舞蹈、贝壳、一棵无花果树、利克农、果实、酒具、葡萄、一头黑豹、一头狮子、一只蚂蚁、一只山羊、一只狐狸、一篮子水果、鲜花、鸽子、鸭子、鹦鹉、珍珠鸡和孔雀。其中大部分形象可能被视为适合作为餐厅的点缀。但是，一直也有争议，认为这个马赛克中的每一样东西在狄奥尼索斯式的语境中都具有特殊含义,尤其是让人想到通过狄奥尼索斯神秘仪式所成就的快乐的来世中的某个东西。比如,鹦鹉在别的地方也经常跟葡萄画在一起(例如在墓室中),而在一个房间里(在佩加蒙出土)出现,它就可以被视为是献祭给狄奥尼索斯的。鹦鹉是从印度传来的,而狄奥尼索斯正是从那里胜利归来,受到托勒密二世菲拉德尔夫斯的狄奥尼索斯式的游行队伍的欢迎。它喜好葡萄酒,以及它迷恋镜子中自己的形象(第八章),这些都是狄奥尼索斯式的。而它貌似具有学人类说话的能力,这超越了人与动物之间的界限,也因此使它成为受到俄耳甫斯的歌声吸引的动物之一。

这些表面上看来是装饰性的细节,实际上可能被赋予了与狄奥尼索斯神秘崇拜仪式之间的关联,同样的可能性也存在于朗格斯(Longus)的叙事作品《达芙妮与克罗埃》(*Daphnis and Chloe*)之中,它与科隆的马赛克大致同时代。它叙述了由莱斯博斯岛上的牧羊人抚养长大的两个弃婴之间的恋爱故事。虽然略有争议,一直有人论证说这个叙述——对应着酒神的神秘崇拜仪式。比如说在故事开头,一只山羊给达芙妮、一只绵羊给克罗埃喂奶;而在故事结尾,一只山羊给他们儿子、一只绵羊给他们女儿喂奶。这可能来自或者让人想到神秘入会仪式中的某个元素。幼年的狄奥尼索斯由一只山羊喂奶,而在某个版本中是一位名叫"山羊（*Eriphe*）"的女祭司给他喂奶。在大致与朗格斯同时代的一个坟墓上，他由一只山羊喂奶，旁边是装着一条蛇的神秘容器（cista mystica，就是说，在神秘仪式的环境里）。在一片金箔上，记录着狄奥尼索斯神秘入会仪式中宣布的程式，其中有令人疑惑的表述："**小山羊（*eriphos*）：我倒在牛奶中。**"与之相反，但是最充分地表达了人类与自然的统一，是在欧里庇得斯的《酒神伴侣》（700）中，女祭司给小鹿或狼崽喂奶；而在庞贝古城的神秘庄园中描绘的入会仪式田园诗般的场景中，一个长着尖耳朵的年轻女子给一只小山羊喂奶。

无论我们是否赞成对马赛克和叙事作品中的这种神秘解释的每一个细节，毫无疑问，对于那些对狄奥尼索斯崇拜和秘仪有所了解的人来说，它们会显得有所不同（例如不那么随意）。在帝国时期，这些神秘仪式看来反映了一种希望：在自然轮回的下一轮中得到幸福安乐——而这种轮回思想在古典时期没有被发现过（例如，在公元前 4 世纪的金箔上）。

一个特殊种类的证据，可以证明罗马帝国存在神秘仪式，以及实施它们的社团组织。它包含各种碑文。我们拥有大约 200 块，几乎全部都是古希腊文，发掘于古罗马帝国的不同地域（尤其是在小亚细亚），时间是从公元前 3 世纪到公元 4 世纪，其中大多数是在公元之初的三个世纪。因为这些社团组织没有一个协调中心,所以,它们之间只有微乎其微的同质性,这一点也不奇怪。这些碑文经常提到"**神秘的入会者(*mustai*)**",或"**神秘入会者同伴(*sunmustai, summustai*)**",偶尔也有"**圣物启示者(*hierophantes*)**";有时候,它们指出举行公开仪式的社团组织中的某个角色(例如 Katagōgia,送狄奥尼索斯入城的护卫队)。从这些不同侧面,这些社团类似于欧里庇得斯的《酒神伴侣》中一个狄奥尼索斯社团最初的详细画面——尽管是一个传说中想象的社团。但是在其他侧面,它们简直不可能更加五花八门了。在《酒神伴侣》中,底比斯女人在山坡上的狂热舞蹈,符合亚细亚合唱团对入会仪式的刻画,就是"让灵魂加入狂欢队",却与政治权威构成强烈的冲突。但是几个世纪之后的碑文所记录的社团组织通常有男有女,而且全是男人要比全是女人更为普遍,它们倾向于让男人而不是女人来掌控,是等级制的而不是(像《酒神伴侣》中那样)人人平等的,较多地关注管理、财务和纪律的细节。它们当中的某些社团有它们自己的崇拜仪式场所,而有些则完全融入了政治权力结构之中——有时候甚至颂扬古罗马皇帝。有一篇碑文(188,数字编号来自雅克泰特[Jaccottet]),来自拉丁姆(Latium,大约公元 165 年),记录了 400 多人的名字,分为大约 25 个类别,比如祭司、**牧牛者**（*boukoloi*）、**持利克农者**（*liknaphoroi*）、**洞穴守卫者**（*antrophulakes*），其中似乎渗透了古罗马社会的等级制度，并依赖于一个强有力的家族（familia）而统一起来。

考虑到 teletē 和 orgia，还有 mustēs 和 hierophantēs，这些指涉神秘仪式的词在碑文中的出现频率，一般说来很有可能是社团组织在举行入会仪式。偶尔我们发现证据表明，有些观念把这种仪式视为一种古老的传统，例如，在黑海边的托米斯（Tomis）有一种"古老的 teletē"。然而——与基督教作者的攻击和视觉表现相比——入会仪式的内容在碑文中很少有透露，作为公开的文献，不可能指望它揭示秘密的东西。正如在《酒神伴侣》中，狄奥尼索斯告诉彭透斯，神秘仪式虽然值得知晓，但是不能说给未入会者（472—474）。因此，公元前 2 或前 1 世纪的赫利卡诺斯（Halikarnoss）的一个碑文嘱咐入会者常识：如何对秘密的东西保持沉默，如何讲述得到允许的东西。

这些碑文实际所指的庆祝活动千差万别，通常难以断言它们是属于入会仪式，还是属于整个入会群体反复举行的庆典。如果黑海西岸的卡拉蒂斯（Callatis）的狄奥尼索斯社团用显然是坟墓状的"洞穴"是为了模拟地下世界，那么它很可能是用来让入会者顺从，去体验死亡（54—61）。有少量碑文提到了携带利克农，它通常可见于同时代的狄奥尼索斯入会仪式的视觉表现。但是也有一些活动，尽管可以确信是某个入会节日的一部分，看起来却更像是整个社团的庆典。我们读到一年之中某些日子里的祭祀和宴席，也在少数碑文中读到颂歌和舞蹈。

我们甚至可以推测到戏剧表演。在公元2世纪初的迈安德河上的美格尼西亚（Magnesia-on-the-Maiander）的一个碑文中提到某个"**神秘入会者（mustai）**"，有男有女，称作"狄奥尼索斯的保姆"或"保姆"。这表明，要么是关于酒神的婴孩时期的戏剧表演，要么至少是穿戴上宁芙或希伦的服装，她们是他的保姆。特别详细的一则雅典碑文（公元2世纪的第三个25年间）说到一个全是男人的社团，自称为Iobakchoi。除了吸纳会员的规则和宴饮中的纪律之外，这个碑文还记录了一个必需的条件："恪守秩序，保持平静，在archibakchos的指导下说话、行事"。再者，archibakchos就是在爱拉斐波里昂月（Elaphebolion）的第十天（城邦酒神节的第一天，有戏剧表演）实行祭祀和奠酒。在分割了牺牲之后，祭司、副祭司、archibakchos、财务、boukolikos、狄奥尼索斯、Korē、帕莱蒙（Palaemon）、阿芙洛狄忒和Prōteurythmos挨个儿拿走（他们的那一份肉）。这些遗迹在这个社团聚会的房子毁坏之后还得以保留下来，同样还有在佩加蒙的"**牧牛者（boukoloi）**"的狄奥尼索斯社团的墙面（曾经装点着狄奥尼索斯绘画）、长椅和祭坛。我们听说，在士麦那（Smyrna），在公元1世纪和2世纪的一些碑文中，提到一个社团，是那些被称为"围绕着狄奥尼索斯 – 布莱修斯（Dionysos Breiseus）的technitai（也就是演员）和mustai的联合体"的社团之一（121）。

另外有一些碑文似乎也表明了萨提尔和希伦的扮演，就像大量视觉表现所做的那样（诸如神秘庄园的装饰画之类）。例如，来自吕底亚的费拉德尔菲亚（Philadelphia，公元2世纪）的一篇碑文所颂扬的，一个入会者表现为一个跳舞的萨提尔。城市的社团会采用农村的象征符号。我们听说有stibades（用植物做成的长榻）和洞穴。在碑文中发现的一个常见的主题就是boukolos，牧牛者。

一直有人坚持认为，这些社团并不具有那种严肃的宗教情感，像我们在早先时代的狄奥尼索斯崇拜仪式中看到的那样。他们甚至说它的要点就是让城市居民到农村远足。相较于把入会者变成新成员，这些庆祝活动对于这个群体来说可能重要得多。但是，崇拜仪式可能比它表面看来有更多的情感强度：毕竟，这些碑文的目的有限（群体内部的良好秩序、财务安排、表扬赞助人，等等），不可能指望它们揭示一切。我们已经看到，戏剧表演，或至少是仪式性地扮演神话故事，可能实际上就是神秘入会仪式的一部分。来自罗德岛（Rhodes）的一篇公元 3 世纪的碑文中（159）提到，一位水风琴手唤醒了酒神，这也许暗示着一种仪式，其中的入会者死而复生的体验以唤醒狄奥尼索斯作为原型。在保加利亚西南部的一篇墓志铭中（45），一位死去的女人据说受到了"就像塞墨勒那样"的 lusiponos（"解脱痛苦者"，也许是狄奥尼索斯，但也许是宙斯）的尊荣。这也许暗示一种神秘的仪式，其中，这个女人被想象为参与了塞墨勒的死亡和神化，一个包含着狄奥尼索斯的童年时代的神话传说——就像迈安德河上的美格尼西亚的"保姆"和狄奥尼索斯神秘仪式的大量视觉表现中那样。

在来自腓利比（Philippi）附近的一篇看来是公元 3 世纪的拉丁文碑文中（29），一个死去的男孩被想象成作为一名萨提尔，在一片鲜花盛开的草地上，受到一些带有布罗米欧斯（Bromios，即狄奥尼索斯）标志的女性入会者，或者是带着神秘的篮子的水泉女神（Naiads）的欢迎。这里可以看到，永生不死者（宁芙和萨提尔）的人格化呈现被入会者想象成延续进入另一个世界的仪式设定。我们刚才提到的（45），同一时期的保加利亚墓志铭中，也把一位女祭司想象成受到了萨提尔的哀悼。

另一个世界是按照如此实行的仪式或庆典的方式来想象的。据说，马其顿一个 mustēs（公元 2 世纪）逃到了冥府的葡萄树里（23）。公元 3 世纪被安葬在吕底亚的一个年轻人，被想象成由狄奥尼索斯任命为他的合唱舞蹈中的同伴（112）。而图斯库鲁姆（Tuskulum，公元2世纪？）的一位年轻女子的墓志铭中，则想象狄奥尼索斯让她成为合唱舞蹈的speira的领头人（speira是狄奥尼索斯社团使用的名称）。在《酒神伴侣》中，狄奥尼索斯把在底比斯建立他的入会仪式与教人跳舞结合起来（《酒神伴侣》，21—22）。几个世纪之后，卢西安（Lucian）写道，"古代的神秘入会仪式没有不跳舞的"（《论舞蹈》[*On Dance*]，15）。按照普鲁塔克的说法，人们相信，在神秘仪式中受到净化之后，他们将会"继续在冥府嬉戏、舞蹈"（《道德论集》，1105）。在阿里斯托芬的《蛙》中，地下世界的厄琉西斯入会者邀请伊阿科斯（厄琉西斯的狄奥尼索斯）参加他们在草地上的舞蹈。

关于舞蹈与从焦虑到喜悦的神秘转变之间的关系，上面提到的普鲁塔克的片段（页53）也提供了一个线索。他说，在死亡那一刻的灵魂体验，就像正在伟大的神秘仪式中入会，经过各种焦虑和苦难，有奇妙的光、草地和舞蹈（还有别的欢乐）。也许，仪式的高潮，进入永恒福祉的入口，其标志就是入会者聚在一起跳舞，与之相对照的是每一个孤立的个体焦虑而混乱的活动，那是仪式中转变的早期阶段的特征。但是舞蹈也不一定限于这一阶段（在厄琉西斯，它出现在节庆的各个不同阶段）。

最后,狄奥尼索斯式社团的庆典中的那种光,似乎也流泻于现存的一册87首佚名的《俄耳甫斯颂诗集》,它是为小亚细亚西部某地的一帮入会者使用而创作的。它的年代不详,但是很有可能是在公元2世纪。其中提到了很多神灵,而狄奥尼索斯尤为突出。一首颂诗(44)说到塞墨勒为她儿子狄奥尼索斯而承受的生产之痛,每隔一年就会跟"纯粹神秘仪式"一起重演。另一首(77)则祈求记忆女神(the goddess Memory)让入会者回忆起神圣的入会仪式,驱散他们的忘性。通常说来,这些颂诗祈求在这个世界中的幸福安乐。

庆典与神秘

柏拉图(《理想国》,364b—e)强调,某些先知和流浪祭司努力说服"不仅是个人,而且是城邦",让他们相信,在另一个世界里,有自由解放(luseis)、净化和teletai(神秘仪式)把我们从苦难中解脱出来。这些祭司之一是传说中的米兰普斯(Melampous),据希罗多德称,他把狄奥尼索斯崇拜仪式引入了古希腊(来自埃及),并且通过治愈阿哥斯市(Argive)的女祭司,使他自己和他兄弟掌握了阿尔戈斯(Argos)王国(2.49;9.34)的大部分领土。在《酒神伴侣》中,狄奥尼索斯本人来到底比斯，也被当作一名流浪祭司，他宣布这个城邦必须学习他的神秘崇拜（39—40）。神秘崇拜一方面是一小群人秘密实施的，但是另一方面又属于城邦的官方日程。这种双重属性是悲剧的起源中的要素之一（第七章）。

我们一再提到，狄奥尼索斯崇拜仪式的一个特征，是在整个共同体的公开节日之中的秘密崇拜的庆典。例如，在雅典的勒纳节，似乎就有某种神秘仪式。雅典的安特斯节上，会设置圣物，并且由一个14名妇女组成的团队"为了城邦的利益"（按照公元前4世纪的讲演《驳奈阿伊拉》[*Against Neaira*]的说法）实施秘密仪式。其中的特质也许隐藏在柏拉图（《斐多篇》，69c）称为"关于神秘入会仪式"而记录下来的一句谚语之中："带茴香的人很多，但是巴克乔很少"（这里的"茴香"是指thrysos，一种缠着常春藤的茴香枝，通常在狄奥尼索斯崇拜仪式中携带）。

过了四个世纪，我们发现，普鲁塔克（《道德论集》，293d）将德尔斐节日**海洛伊斯**（*Herois*）描述为"就其大体而言是一个**神秘的记述**（*mustikos logos*），提亚德斯（Thyiades，女祭司）知晓其中奥义，但是从它的公开活动中，人们会想象它是塞墨勒的成长史"。在同一时期，保塞尼亚斯（2.7.5—6）报告说，在西肯（Sikyon）的剧院附近的一座狄奥尼索斯神庙里，有酒神和女祭司的雕像。而西肯人在**某个隐秘的地方**(*en aporrhētōi*)还有一些雕像，在一年中的某一个夜晚，他们举着火把，唱着本地的颂歌，把它们送到神庙。这些雕像之一名为巴克齐乌斯（Bakcheios），跟随着它的是另一个雕像，名为Lusios（解放者），由法涅斯（Phanes）从底比斯带来（如柏拉图所描述的，由某一个人致使一个城市采纳使人解脱的神秘仪式的另一个例子）。在另一个城市拉科尼亚的布里西伊（Bryseai in Laconia），据保塞尼亚斯说，有一座狄奥尼索斯神庙，保存着一个酒神雕像，而他的另一个雕像则是公开的（3.20.3）。只有女人才能看到内部的雕像，因为只有女人才在秘密中（en aporrhētōi）进行祭祀。

在西肯和布里西伊，都保存着一种古老的传统，如我们前面所描述的，就是把神秘仪式作为城邦整体表现（节日、神庙）中的隐秘部分。Lusios（指狄奥尼索斯）和aporrhetos这些词强烈暗示了神秘的崇拜仪式。试以前面引述的拜利纳金箔上的狄奥尼索斯解放入会者为例，加以比较。西肯的两个狄奥尼索斯雕像似乎表达了入会者的两个方面：**疯狂**(*bakcheia*)和解放。"法涅斯"也是俄耳甫斯宇宙观中一个创造者的神灵的名字，也可能被认为是意味着"启示者"或"照明者"——在此语境中是用火炬，因为按照一个古老的文本（*Rhesus*, 943），"俄耳甫斯让人知道**秘密**(*aporrhētōn*)的神秘仪式中使用**火炬**(*phanai*)"。

再后来的关于这种双重性——秘密的仪式和公开的节日——的一个例子，来自奥古斯丁的一段话(*Ep*, 17.4)，那是他为回应对基督徒的批评而写的。有人批评基督徒——与传统的信徒相比——是排外的，在秘密的地方见他们的上帝。奥古斯丁指出，这位批评者忘记了利伯尔（即狄奥尼索斯），他只是显现给少数已入会者。然后，他痛斥批评者说，这同一个崇拜仪式的公开部分则由声名显赫的市民组成，在酒神式的疯狂中穿过街道行进。

仪式、神话和另一个世界

古代世界的仪式通常与神话有关。神话，作为仪式的投影，可以解释它的起源，为它正名，或赋予它意义。例如，按照《荷马颂诗：致德墨忒耳》所述，厄琉西斯的神秘仪式与德墨忒耳在冥府失去她女儿的神话有关。狄奥尼索斯的神秘入会仪式投影于《酒神伴侣》中彭透斯的经历。他的经历之一是被解体，然后被肢解的身体又由他母亲重新组合起来。在各种文化的入会仪式中，解体并不罕见，它是入会者想象的一种磨难。但是可以期望它随后会被还原为整体，恢复生命。彭透斯被他母亲还原为整体，但是——作为一个凡人——无法恢复生命。与之相反，狄奥尼索斯被巨人肢解之后，被（在某个版本中是他母亲：狄奥多罗斯，3.62.6）还原为整体，也恢复了生命。

彭透斯和狄奥尼索斯都是疯狂的，也都把男人与女人、人类与动物混同起来，因为他们都（有一部分）是神秘入会者的投影。但是正如神秘入会仪式一方面体现了拒绝（进入转变）和死亡这两个对立层面，另一方面又体现了达到永生不死（通过转变），因此，彭透斯体现了前者，而狄奥尼索斯则是后者。狄奥尼索斯可以被称为"**入会者**"（即 *Mustēs*：保塞尼亚斯，8.54.5），甚至与他的入会者分享巴克乔的名称（例如《酒神伴侣》，491，623）。但是他成功地转变为永生不死——他恢复生命，重返另一个世界与这个世界的轮回——使他也可以成为他们的神圣救主。

再者，为了让入会者体验到起初时必要的恐惧，彭透斯的公开神话体现了一种**不可逆的**（*irreversible*）死亡。另一方面，狄奥尼索斯的解体和恢复生命，似乎已经有一段时间保持在公共领域之外，所以，在公元前 3 世纪有了第一个明确的参考资料之前（卡利马科斯［Callimachus］残篇，643），有些学者否认这件事的存在。但是，有若干更早的片段，似乎暗示了它（第八章）。而在公元 2 世纪，保塞尼亚斯（8.37.5）报告说——尽管也许不尽可靠——奥诺马克里托斯（Onomacritus，我们知道他生活于公元6世纪的雅典）"为狄奥尼索斯撰写了orgia（神秘崇拜仪式），并把巨人泰坦作为他的苦难的施加者"。

最终，神话似乎失去了它的秘密。尤利乌斯·恺撒的同时代人狄奥多罗斯告诉我们（3.62.8），在俄耳甫斯诗歌中揭露并引入入会仪式的那些事情，符合狄奥尼索斯被巨人解体，他的肢体又复原到自然状态的神话。普鲁塔克（《道德论集》，364）对比了狄奥尼索斯与埃及的欧西里斯（Osiris），他说"关于巨人和夜节（Night-festivals）的故事与欧西里斯的故事一致——肢解之后恢复生命，获得新生"。在另一个片段中（389a），他提到狄奥尼索斯经历的各种变形，"更加聪明的人们……创造了某些毁灭和消亡，随后又恢复生命，获得新生，以及与上述转变保持一致的谜语和神话"。狄奥尼索斯的复原重生（就像厄琉西斯的科尔从冥府归来）想必联系着入会者所得到的永生不死。

亚历山大城的克莱门特（Clement，《劝导篇》[*Protreptcus*]，2.18）提到巨人用来引诱狄奥尼索斯以至于肢解他的玩意儿，并且明确地把它们关联于神秘仪式中使用的各种象征物（symbola）：跖骨、球、陀螺（或圆锥体）、苹果、牛吼器、镜子、羊毛。其中有四样东西出现在这一章前面（页58）提到的来自**古罗布**（*Gurôb*）的公元前3世纪后期的纸草书碎片中。普鲁塔克以"我们作为参与者而分享其知识的，狄奥尼索斯仪式中的神秘象征"所许诺的永生不死来安慰他的妻子（611d）。阿普列乌斯（Apuleius）提到他如何小心地保存祭司在入会仪式上交给他的标记和**遗迹**（*signa et monumenta*），他还说，他的那些观众都是利伯尔·佩特（Liber Pater，古代意大利人的神，相当于狄奥尼索斯）的入会者，他们知道隐藏在家里的东西，并且远离世俗的人们，在静默之中加以崇敬（《忏悔录》[*Apology*]，55）。他也把它们称为 crepundia，即**玩具**，因此它们大概就是那些玩意儿，有各种各样的文本说巨人用它们引诱狄奥尼索斯，把他肢解了。

神秘仪式中的表演和神话传说中的肢解有何联系？克莱门特的《劝导篇》12.119的注释者所言并不可信："那些狄奥尼索斯的新入会者吃生肉，暗示狄奥尼索斯被女祭司撕开。"并且没有证据表明狄奥尼索斯的入会者被想象为（像狄奥尼索斯那样）经历了身体的复原。这里可以对比建立在耶稣复活的基础上的、基督徒对于身体复活的希望（这两种崇拜中的关系值得调查研究，将在第九章展开）。神秘入会仪式通常保证入会者在另一个世界中的幸福，那是给永生不死的灵魂（考虑到可朽的肉身的毁灭）享有的。我将在第八章指出，狄奥尼索斯的身体破碎（并还原为整体）是入会者的心灵破碎（并还原为整体）的一种原型。

与之并不矛盾的是另一种可能性，就是这种肢解的神话与我们经常在神秘仪式中看到的饮酒有关。这个神话被解释为象征着挤压葡萄做酒（狄奥多罗斯，3.62），而酒早就被等同于狄奥尼索斯本人（例如《酒神伴侣》，284），尤其是相当于他的血（提摩帖乌斯［Timotheos］残篇，780）。可以想象，由酒带来的心灵的完整，与狄奥尼索斯在酿酒的过程中被肢解之后又还原为整体有关。

宗教信仰仪式，以及一般而言的实际的信仰，试图掌握未知的力量。而神秘入会仪式想要掌握的未知的力量是死亡。因此，它在仪式所掌握的形式中，预演死亡的过程。它演示死亡的焦虑，引向另一个世界的福祉。因此，由于死亡是个人认同（personal identity）中不可预期的断裂，神秘入会仪式必须消除那些构成个人认同的基本范畴。也许正因为如此，正如我们所看到的，它表演了男人与女人、人类与动物、生命与死亡、可朽与不朽之间的有所控制的混淆。由于死亡的力量是绝对的，那种被授予的掌握它的更大的力量就很容易变成一个政治问题。因此，如我们所见，神秘崇拜仪式与政治权威、基督教的政治野心相冲突，最终屈从于后者。

小结

在第一部分勾画了神秘崇拜仪式的主要特征之后,在接下来的两个部分,我们追踪了古希腊—罗马遗迹中的狄奥尼索斯神秘崇拜的重要证据。也许,这并非巧合,两个最重要的证据,一个来自古代雅典,一个来自公元前 1 世纪的意大利,也正好属于古代世界最显著的审美成就:欧里庇得斯的《酒神伴侣》和意大利庄园的装饰图画。剩余部分则关注神秘崇拜仪式与公共节日的联系,它们通向第七章;而关于死亡和肢解的概念,则通向第六、八、九章。

六、死亡

引子：神秘崇拜仪式与死亡

一位与生机勃勃的自然生命密切相关的神灵（第二章）在面对死亡时也应该发挥作用，这种期望是难免的。实际上，狄奥尼索斯与死亡之间的大多数联系方式，直接或间接地源自人类试图在神秘崇拜仪式中掌握他们的死亡体验。

所以，我们必须从一开始就弄清楚，从神秘崇拜仪式而来的、使狄奥尼索斯与死亡相关联的三种方式。首先，他的对手彭透斯的肢解所表达的不仅是抗拒酒神之徒劳无益，也有入会者的死亡观念（第五章）。狄奥尼索斯作为一位野蛮的杀戮者，例如作为特涅多斯岛上的"**人之粉碎者（Man-shatterer）**"（*anthrōporraistēs*），这一观念至少有一部分可能来自神秘崇拜仪式的功能。其次，神秘崇拜仪式的秘密之一是肢解之后实际上会恢复生命，而这种转变是为了按计划成为永生不死的狄奥尼索斯,他本人在相应的神话里也被肢解,然后起死回生。第三,狄奥尼索斯征服死亡的力量,他在仪式中的正面角色,使他成为他的入会者在另一个世界里的拯救者。

早期证据

并不是说,神话传说中的狄奥尼索斯与死亡的关联,总是直接与神秘崇拜仪式有关。现存最早的狄奥尼索斯神话是在《荷马史诗》中,"在狄奥尼索斯的见证之下",阿里阿德涅被阿耳忒弥斯杀死(《奥德赛》,11.325)。阿里阿德涅被忒修斯抛弃之后,与狄奥尼索斯结合(并得以长生不死),这个故事广为人知(例如图7)。但是,似乎还有一个罕见的神话版本说,阿里阿德涅为忒修斯而离开了狄奥尼索斯:也许,狄奥尼索斯涉及她的死亡,就来自这个版本。但是它有可能实际上(同时也是?)——尽管并非直接——来自神秘崇拜仪式,表达了一种深度结构,在其中狄奥尼索斯利用死亡作为进入永生不死的预备阶段。

在《荷马史诗》中,有四次简短地提到了狄奥尼索斯,实际上其中有两次,他与死亡有关。另一次是在《奥德赛》24.74:狄奥尼索斯给了忒提斯那个黄金双耳细颈瓶(amphiphoreus,通常用来装酒），它后来装上了——在酒和油里——她儿子阿喀琉斯的尸骨，与帕特洛克罗斯的混在一起。

公元前6世纪的诗人斯特西克鲁斯（Stesichorus，*PMG*，234）也描写了从狄奥尼索斯的礼物到骨灰容器的这同一个黄金双耳细颈瓶，而且它甚至被人饶有兴味地等同于弗朗索瓦瓶上的狄奥尼索斯带给阿喀琉斯父母作为结婚礼物的那个双耳瓶（第二章）。倘若果真如此，这可能预示着在雅典悲剧的酒神学流派中，葬仪（death ritual）和婚礼频繁地相互渗透。死者的骨灰通常放在容器里，而这些容器通常有可能是用来装酒的。这并不是酒和死亡仪式之间唯一的关联，因为它也可能用于奠酒或清洗身体。

在埃斯库罗斯的一出亡佚的戏剧（《西西弗斯》[*Sisyphos*]）中，地下世界的统治者普路同（Plouton）被称作札格斯（Zagreus）。在另一出戏（《吉卜赛人》[*Aigyptioi*]）中，札格斯是哈得斯（Hades）的儿子。而在后来的一些文本中，札格斯经常被等同于狄奥尼索斯。更为准确的是埃斯库罗斯的同时代人赫拉克利特的陈述：

他们举办游行，为生殖器官唱歌（也就是阳具颂歌），要不是为了狄奥尼索斯，他们做这些事情是极其令人羞耻的。但是，

哈得斯也跟狄奥尼索斯一样，他们为他狂欢，过勒纳节。

(B15D—K)

要是没有更深层次的含义，也就是经常作为节日之核心的神秘崇拜仪式（第五章）中的死亡与生成（阳具？）之间的对立统一，那么，狄奥尼索斯节日上的淫秽行为就是令人羞耻的。赫拉克利特的（隐含的而又是基本的）对立统一学说至少有一部分来自神秘崇拜仪式，尤其是来自神秘转变所暗示的死亡和生命的统一。在这里，这个学说似乎由它所使用的术语的相似性而得以强化（在古希腊语里"**没有羞耻**"是 *an-aides*，而"**哈得斯**"是 *Aides*）。

地下世界的狄奥尼索斯

把哈得斯等同于狄奥尼索斯，这是赫拉克利特格言式地表达出的一个仪礼性的现实。但是，尽管在古典时代有一些这种等同（或混同）的视觉表现，更容易得到确信的还是狄奥尼索斯经常**关联**（*association*）于地下世界的神灵。例如，在意大利南部的罗克里（Lokri）供奉的一些红土**牌匾**（*pinakes*）上，狄奥尼索斯出现在地下世界的女王普西芬尼之前，或者是她和哈得斯一起登基之前。

这些牌匾通常出现于公元前480至前440年。在那之后不久，直到公元前4世纪末，意大利南部和西西里（Sicily）生产了大量红色花瓶，它们是在坟墓里被发现的。考虑到这些瓶子注定要去的阴森森的终点，就不会奇怪在它们上面看到大量末世景象（也就是说，关于另一个世界）。它们可能在葬礼上用于奠酒或喝酒。最经常出现在它们之上的神灵是狄奥尼索斯。同样普遍的是他的同伴（萨提尔和女祭司），以及狄奥尼索斯式的装备，比如酒神杖，还有镜子（用于狄奥尼索斯式的神秘仪式中的器具：第五章）。当诸如此类的狄奥尼索斯场景设置在一片草地上，或者死者穿戴着狂欢队的衣着，我们就可以确定，想象中的什么东西会在另一个世界等待着入会者。这种狄奥尼索斯式的田园牧歌的一个例子会在下一章加以描述，它所在的那个瓶子上还出现了由**悲剧**（*tragedy*）启发的一幅绘画（有可能也有末世论的含义）。然而，与死者一起埋葬的狄奥尼索斯物件不只是瓶子。也是在意大利南部，我们也许可以提到，大约在公元前400年埋葬在罗克里的一个年轻女子手里，攥着的一个跳舞的女祭司的小雕像。

有一些特殊的丧葬习俗"被认为是俄耳甫斯式的（Orphic）和酒神式的（Bacchic）"（希罗多德，2.81），而来自库迈（Cumae）

的一篇公元前5世纪的碑文禁止葬礼对所有人开放，除了狄奥尼索斯的入会者。在坟墓里发现的有些物件确证死者是入会者，尤其是一些陪葬的金箔，铭刻着神秘的惯用语，以及黑海北岸的奥比亚（Orbia，公元前500年左右）发现的一面镜子，上面题写着狄奥尼索斯口号euai。不管怎么说，也许至少有一部分狄奥尼索斯的象征物早已广为人知，甚至可以陪伴非入会者进入另一个世界。在更晚些时候的帝国时代，看来更有可能是狄奥尼索斯狂欢队的形象及其象征物经常用来装点一些人的坟墓，只要他们负担得起。而在帝国时代，也有一些坟墓里的形象确定死者认同于狄奥尼索斯（比如阿普列乌斯，《变形记》[*Metamorphoses*]，8.7），但是即便如此，也不一定表明死者是神秘入会者。同样的道理，神秘入会仪式也不必然排除强烈哀悼的个人需求。

在一只可以追溯至公元前335—前325年的阿普利亚（Apulian）的*krater*（**搅拌碗**，现存俄亥俄州托莱多市）上，有一面画了一座坟墓及其主人，另一面画了各种具有标志性的地下世界的形象（图5）：中间是一个*naiskos*（**小小的圣殿**）中的普西芬尼和坐在王位上的哈得斯，狄奥尼索斯就挨着圣殿站在外面，但是他的右手握着哈得斯的右手。同样也是在圣殿之外，在狄奥尼索斯的左侧，是两个女祭司和一个叫作奥诺普斯(Oinops)的萨提尔；在他们下方是一个潘尼斯科斯(Paniskos)，正在逗弄塞尔伯鲁斯(Cerberus)；在右边，则是赫耳墨斯(Hermes)、亚克泰昂(Aktaion)、彭透斯和阿高厄(Agaue)。握手礼意味着和好；要是说得更明确一点，它是否表示到达、离开或别的什么，我们无法断言。对于狄奥尼索斯入会者而言，它肯定是让人确信，或者暗示狄奥尼索斯本人尽管不是统治者，却也拥有死亡王国中的力量。这种密切的关系有时候也表现为血缘关系：狄奥尼索斯照理说是塞墨勒的儿子，又变成了普西芬尼的儿子。甚至他的对手（又是表兄弟）彭透斯现在看来相安无事。在普鲁塔克（《道德论集》，565—566）所公布的关于地下世界的一个描述中，有一个非常令人愉快的地方，就像"酒神的洞穴"，有着"狂欢的宴会，欢笑和各种庆祝活动和快乐。据向导说，正是在这里，塞墨勒生下狄奥尼索斯然后将其抚养长大"。古罗马诗人贺拉斯（《颂歌》，2.19.29—32）想象凶猛的地下世界守卫者，即三头犬塞尔伯鲁斯温柔地讨好正在离开的狄奥尼索斯。狄奥尼索斯转变了地下世界。因此，他（有时候作为伊阿科斯）与厄琉西尼亚神秘仪式的冥府女神德墨忒耳和科尔建立了联系，也并非不合情理。

在塞萨利（Thessaly）的拜利纳（公元前4世纪晚期）发现的葬礼金箔建议死者"对普西芬尼说，巴克乔本人释放了我"（参

图 5：阿普利亚蜗形搅拌碗，达列奥斯画师绘制。来源：托莱多艺术博物馆，受爱德华·德拉蒙德·利比、弗罗伦斯·斯科特·利比和埃及探测学会通过交换馈赠（Apulian volute krater painted by the Dareios Painter. Source: Toledo Museum of Art, Gift of Edward Drummond Libbey, Florence Scott Libbey, and the Egyptian Exploration Society, by exchange）

见页 55）。再一次，狄奥尼索斯不是地下世界的统治者，却保证了入会者在地下世界的幸福安乐。为什么会有这种双重的权力？因为地下世界的领域和统治者遥不可及、令人望而生畏，而我们必须在这个世界结识一种力量，它会确保我们在另一个世界的幸福。因此，这个力量（狄奥尼索斯）必须与地下世界的统治者关系良好，而又不是遥不可及的。实际上，我们在第四章看到，狄奥尼索斯更多时候存在于人类之间，与他的信徒有更为亲密的联系，胜过其他一切长生不死者。

地下世界的狄奥尼索斯入会者

狄奥尼索斯在死亡面前释放了他的入会者。这是他使人得到解放的各种方式之一（第三章）。他用酒使人在心理上得到解放（《酒神伴侣》，279—283；普鲁塔克，《道德论集》，68d，716b），但是这里还有对另一个世界的期望。在拜利纳的金箔上，通往地下世界途中的入会者也被告知"你有酒（作为你的）eudaimōn 荣耀"——eudaimōn 表示入会者永恒的幸福。酒是在神秘崇拜仪式上饮用的，而各种文本提到在另一个世界里的入会者也喝酒（第五章）。我们注意到，在俄亥俄州的那个瓶子上，地下世界的萨提尔被称为"奥诺普斯（Oinops）"（酒脸［Wineface］）。甚至可以想象——从某些阿普利亚瓶画来判断——在地下世界，酒奇迹般地从葡萄里面流出来，不需要人力劳动。

在神秘仪式上，酒给人提供另一个世界的味道，也有可能就像是，例如《酒神伴侣》（686—713）中的底比斯女祭司体验到的酒后释放的迷狂。我们将会看到（第八章），狄奥尼索斯的神秘入会仪式可以——通过"适当的疯狂"——把入会者从这个世界和另一个世界的苦难中解脱出来（柏拉图，《费德若篇》，244e）。我们可以更进一步说，在神秘仪式中，这个世界和另一个世界的苦难是相同的，是同一种苦难，因此，正如神秘仪式是对死亡的预演，此时此地在神秘仪式中的苦难也可以包容地下世界的恐惧。在已经亡佚的埃斯库罗斯戏剧《埃多尼亚》（*Edonians*）的一个现存的片段中，描述了狄奥尼索斯狂欢队的一场庆典，其中"带着一面鼓一样的东西，就像地下的雷霆，令人极其恐惧"。这种冥府（地下世界）的咆哮暗示着一场地震。在《酒神伴侣》中，就在狄奥尼索斯对他的狂欢队神奇地现身之前，他呼唤"地震女神（Mistress Earthquake）"震动大地。然后，狄奥尼索斯从房屋里的黑暗之中出现，在那里，他的捕捉者彭透斯的行为标示着一系列相似之处——有太多细节上的一致性——对应于普鲁塔克所描述的神秘入会仪式普遍具有的死亡体验，尤其是在黑暗中显现的光（第五章）。哈普克拉辛（Harpokration，公元 2 世纪）说，那些成为狄奥尼索斯入会者的人头戴着白杨枝冠，因为它属于地下世界。来自希波尼昂和拜利纳的葬礼金箔记录着一些惯用语，几乎可以肯定是在神秘仪式上宣告的，它们包含对狄奥尼索斯入会者的指示，在地下世界要做什么。

洞穴很容易被想象为处于这个世界和地下世界之间的一个空间。正如普鲁塔克把地下世界的一部分与"酒神的洞穴"作比较，反过来，神秘仪式中的洞穴有时候几乎想当然地被想象成属于或通向地下世界。与此相关的最早的提示来自公元前4世纪早期的雅典瓶画（贝拉尔［Bérard］有所讨论），它描绘了狄奥尼索斯崇拜仪式（也许是神秘入会仪式）中的一个地下洞穴的场景。但是狄奥尼索斯与洞穴的关联可以追溯到更早之前，因为狄奥尼索斯出现在一个洞穴内壁，保塞尼亚斯（5.17.5, 19.6）认为它属于公元前7世纪的科林斯（Corinthian）暴君基普塞洛斯（Kypselos）。在李维所记录的公元前186年的狄奥尼索斯神秘崇拜仪式中，有人被一种机械运送进一个隐蔽的洞穴，被说成是让诸神给带走了（39.13.13）。我们已经在卡拉蒂斯看到证据表明，洞穴被用来模拟入会者的地下世界，并在拉丁姆（Latium）发现了"洞穴守卫者"（页67）。公元2世纪晚期的诗人奥本（Oppian）记述，狄奥尼索斯婴孩时期的保姆把他藏在一个洞穴里，"在孩子的周围跳起神秘的舞蹈"（*Cynegetica*, 4.246）。

也许正是在一个想象的地下世界里，出现了令人恐惧的幽灵（phasmata 和 deimata），奥利金（Origen,《驳塞尔苏斯》［*Against Celsus*］, 4.10）认为它们归因于狄奥尼索斯入会仪式。

据说，德摩斯泰尼（Demosthenes）把埃斯基涅斯（Aeschines）的母亲叫作"恩普莎（Empousa）"（女吸血鬼），"因为她从黑暗中对那些正在入会者显现"（伊多梅纽斯［Idomeneus］，338，*FrGH* F2）：在阿里斯托芬的《蛙》中，女魔头恩普莎是狄奥尼索斯在地下世界所遭遇的惊恐之一。神秘仪式所激发的任何惊恐最终都会让位于救赎的喜悦，就像普鲁塔克所描述的，以及《酒神伴侣》中戏剧化表现的狄奥尼索斯对狂欢队现身那样。

正是有鉴于这种向永恒喜悦的转变，我们必须在贯穿整个古希腊和古罗马时期的葬礼艺术中来看待频繁出现的萨提尔和女祭司，他们就像不为年岁和死亡所动一样——尤其是伴随着那些神秘入会仪式的象征物、公元前 4 世纪的阿普利亚瓶画，以及从公元 2 世纪早期开始出现于罗马帝国各个地区的大理石石棺的雕刻装饰。神秘入会仪式也许意味着变成神话般的狂欢队中的一员——一个宁芙、女祭司或萨提尔（例如柏拉图，《法律篇》，815）——直到永远。在第五章里提到，来自米利都的一首古希腊警句诗颂扬埃克迈欧尼斯（Alkmeionis），她带领女祭司们去山上，带着神秘的物品（orgia），并且"知道她享有好东西"：最后一个短语（kalōn moiran epistamenē）指她在入会仪式中知晓的东西，她带着它去了另一个世界。

统一这个世界和另一个世界

狄奥尼索斯统一对立双方。在神秘仪式中，他把这个世界与另一个世界统一起来，从两者的苦难之中把他的信徒解放出来，带到这个世界的共同的幸福安乐，它将延续到另一个世界。柏拉图朝着拒绝这个世界的方向调整了神秘教条，但是狄奥尼索斯的神秘崇拜，如其实际所行，是超脱世俗的，又不是否定世界的。狄奥尼索斯属于两个世界，在两者之间活动。一个公元前5世纪的奥尔比亚骨板上，有"生死生"这样的词，跟"狄奥（尼索斯）"在一起（第五章）。普鲁塔克（《道德论集》，565—566，前引，页79）指出，不止一个人靠狄奥尼索斯从地下世界超升上来，经由一个类似于"酒神的洞穴"的地方。同样，在大英博物馆的一件公元前4世纪的调酒器上的画面中，我们看到（几乎可以肯定是）狄奥尼索斯正是从一个洞穴上来，出现在地面上。保塞尼亚斯（2.37.5）说，狄奥尼索斯是通过阿尔塞昂尼亚湖（Alcyonian，在阿戈里德[Argolid]的勒那[Lerna]）下到冥府去把他母亲塞墨勒带回来的；而按照普鲁塔克的说法（《道德论集》，364），阿哥斯人用喇叭声把他从水底叫唤出来，同时把一只羊羔扔进深渊"给看门者"。在晚期的一个说法中（《伊利亚特》14.319的注释），佩耳修斯王（Perseus）杀死了狄奥尼索斯，把他扔进勒那湖水中。

但是我们所知最为详细的狄奥尼索斯往来于地下世界的行程，构成了阿里斯托芬的《蛙》的故事情节。在这里，狄奥尼索斯式的幸福安乐延续到另一个世界，采取了极端的喜剧形式。我们记得，普鲁塔克记述了狄奥尼索斯穿越地下世界之处的"酒神的狂欢和笑声"。而在《蛙》里，笑声甚至围绕着地下世界的恐惧（278—311），再者——就像在普鲁塔克与死亡体验相比较的神秘转变中——这些恐惧让位于厄琉西斯入会者组成的一个快乐的合唱队登场，他们唱着给伊阿科斯的游行颂歌，举着放射"神圣之光"的火把（313—459）。狄奥尼索斯表示想要与游行队伍中的一位年轻女孩跳舞、嬉戏（414—415）。还有地下世界王后普西芬尼的一位仆人带来的宴会邀请，那儿会有美酒，有跳舞、奏乐的女孩（503—518）。地下世界的狄奥尼索斯——毫无疑问，就像他的众多信徒一样——是一个怯懦的享乐主义者。最终，狄奥尼索斯所创造的幸福安乐之公共性（第三章）在戏剧的结尾揭示出来：埃斯库罗斯在与欧里庇得斯的诗歌竞赛中，由狄奥尼索斯宣布为胜利者；他被护送回光明之中，好让他去解救雅典人。

另一个地下世界的戏剧设置是埃斯库罗斯失传的《西西弗

斯》。作为一个萨提尔戏剧,它有一个萨提尔合唱队,似乎代表着狄奥尼索斯式的入会者,对应于《蛙》里面地下世界的厄琉西斯入会者合唱队。另一个公元 5 世纪的,看来设置于地下世界的戏剧是埃里斯提亚斯(Aristias)的《克勒斯人》(Keres)。它也可能是一个萨提尔戏剧,其中的萨提尔合唱队大概等同于克勒斯人,死亡精灵。这种认同可能显得有些怪异,也许它与安特斯节上的(由男人装扮的)萨提尔和死者的出现有关,在安特斯节上,照例会说道:"要是克勒斯人走了,就不再有安特斯节了。"

狄奥尼索斯之死

通过在人类之间出现,以及与他们的相似点(跳舞、喝酒、怯懦),狄奥尼索斯接近于人类,实际上,这种相似点甚至超越了人类与神灵之间最为重要的区分:狄奥尼索斯被杀死。虽然他通常被想象为长生不死的(并且据说使他母亲塞墨勒也变得长生不死),但在德尔斐的阿波罗圣殿里有一座坟墓,上面刻着"这里躺着死去的狄奥尼索斯,塞墨勒的儿子"(菲罗克鲁斯[Philochorus],328,*FGrH* F7),它表明永恒的死亡。但是普鲁塔克(《道德论集》,365)把这个坟墓联系了狄奥尼索斯被巨人肢解的神话,又联系于一种秘密的祭祀,"每当希亚德斯(Thyiades)唤起了利克奈兹(Liknites)"。德尔斐的希亚德斯是狄奥尼索斯的女性信徒,而利克奈兹是酒神的称呼之一,来自**利克农**(*liknon*,神奇的篮子:第五章)。一首俄耳甫斯颂歌(53)提到诡秘的(地下世界的)狄奥尼索斯睡在普西芬尼的大厅里,"与宁芙一起"(也就是他的狂欢队)被唤起。他在巨人手里被肢解,然后起死回生的神话(至少有一部分)是神秘入会者的体验的一种投射(第五章)。其结果是,不仅他的死,还有他的起死回生,使他比别的大部分神灵都更接近于我们。同样可以说,就连这种死亡和复原,也就是肢解(碎片)和回归整体的形式,也是如此(参见第八章)。

在埃雷特里亚画师所作的一幅雅典瓶画中,狄奥尼索斯的碎片如此得以暗示:一些女人在奉献祭品,给有面具遮蔽着的一个利克农做的摇篮里的狄奥尼索斯。我们记得,德尔斐的希亚德斯人(以及他的坟墓上的献祭)所起的狄奥尼索斯的名字就来自利克农。在《酒神伴侣》中,阿高厄在庆祝胜利的疯狂中,带着她的儿子彭透斯被肢解下来的头(大概是面具),她将在他被重新组合起来的尸首上哀悼;尽管在这里,与狄奥尼索斯的肢解形成悲惨的对比,没有重新获得生命。尼俄柏(Niobe)为她的子女哀悼是众所周知的。但是阿高厄的哀悼更令人同情,因为就像其他神话传说中的女祭司，比如 Minyads，她是为她亲手撕开的儿子而哀悼。女祭司在疯狂中撕开了她们自己的孩子，当她们意识到自己做了什么，就变成了痛苦的丧心病狂。结果，凶残的暴力和女祭司的哀悼似乎都成了例证，表明悲剧中女人的凶残暴力和女人的哀悼都与女祭司教义（maenadism）有关，比如欧里庇得斯的《赫库巴》（*Hecuba*，686，1077）。

有相当多的证据（尽管其中有很多来自古代晚期）表明神秘崇拜仪式中的哀悼，有时是为神灵。狄奥尼索斯的肢解关联于——或者以某种方式演示于——他的神秘崇拜：我们知道这主要来自晚期文本，但是有证据表明这种神话为人知晓于古代早期和古典时代（第五章、第八章）；有鉴于我们所见到的瓶画里，有女祭司照看利克农里的狄奥尼索斯的头（面具），很有可能在公元前5世纪，就有女祭司在神秘崇拜中为狄奥尼索斯之死而哀悼。再者，考虑到狄奥尼索斯崇拜——尤其是狂欢队所施行的神秘崇拜仪式——在雅典悲剧的诞生中的重要性，不无可能的是：为某一个体而哀悼之于悲剧的中心地位，有一部分来源于女祭司式的哀悼。悲剧之所以产生，除了其他因素之外，是来自狄奥尼索斯神秘崇拜仪式，以及作为英雄崇拜而为人所知的那种死亡仪式的影响。在下一章里，这将会更加清晰。

小结

最为关联于旺盛的生命的神,同时也是——除了哈得斯本人之外——最为关联于死亡和地下世界的神。这是一个悖论,赫拉克利特最早注意到了它。狄奥尼索斯往返于另一个世界和这个世界,而他本人以一种可怕的方式被杀死。在他的神秘崇拜仪式中,狄奥尼索斯把死亡及其恐惧引入这个世界,而他自己被杀,为的是把另一个世界里等待着他们的那种愉悦的体验给予他的入会者。

七、剧场

引子

这一章是前面五章的高潮。雅典戏剧发端于狄奥尼索斯崇拜,并持续演出了几个世纪。我们将在这一章中看到,在前面几章里描述的崇拜仪式的每一个方面,都有助于悲剧、萨提尔戏剧或喜剧中的一种或几种戏剧类型的起源和成熟形式。

戏剧起源

我从公共性开始说起。戏剧开始形成,缘于我在第三章所描述的那种城邦的狄奥尼索斯节庆。最古老的雅典狄奥尼索斯节是安特斯节。但是,戏剧的起源和演出最为重要的环境,是狄奥尼索斯的圣殿和剧场希德罗(Eleuthereus),在晚于安特斯节一个月左右的春季节日期间,也就是"城镇酒神节(Dionysia in the town)"(相对于国家而言),通常称为"城邦酒神节",它于公元前6世纪下半叶在雅典得到了大幅度的扩充(如果不是实际上建立起来的话)。

这一点也不奇怪,复杂的戏剧(悲剧和萨提尔戏剧)前所未有地发展出现在一种新的节日上,而不是在一个仍然遵照古老传统庆祝的节日上。这种更新也许发生在庇西特拉图(Pesistratus)的暴政期间,它似乎不太关心像安特斯节所突出的那些传统的、季节性的、与葡萄栽培相关的因素,而是更为关心政治目的,(对它自己和别的城邦)表现雅典的团结一致和宏伟壮丽,而这也可能是戏剧起源的要素之一。尽管如此,在安特斯节和城邦酒神节之间,有着一些基本的相似之处,正如两者也有一些重要的差异。

先说相似之处。这两种节日都是春天的节日,而且全体公众都参与其中。两种节日都包含护送狄奥尼索斯(一个雕像)从边缘到中心的游行,在安特斯节里也许是通往与"国王"(地方行政长官)的妻子的两性结合,而在城邦酒神节则是通往剧场。而在这两种情形下,最终的到达自然而然地结合着神话——在安特斯节也许是狄奥尼索斯与阿里阿德涅的性结合,以及他从海盗那里获释,而在城邦酒神节里则是他最初从厄琉西莱(Eleutherai)到达波奥提亚(Boeotia)边界。这些神话是那些演示它们的仪式的起因。

然后，有两个差异对于我们的目标来说非常重要。首先，在安特斯节有一个秘密的仪式（包括献祭），在古老的皇家宫室里由一帮女人实行，而这与前面提到的狄奥尼索斯的性结合有关。同样，在少量留存的勒纳节的遗迹中，有另一种狄奥尼索斯节日，其中会表演戏剧，也有各种迹象表明神秘入会仪式是由一帮女人实行的。其次，在安特斯节，似乎有大量男人和男孩参与，装扮成萨提尔。

这两种做法都没有出现在城邦酒神节。相反，我们看到了戏剧的发展。我认为，在城邦酒神节中，这两种消失了的活动都被吸收进从仪式到戏剧的转变之中。也就是说，装扮成萨提尔的男人的庆祝，作为节日之核心的神秘仪式，两者都有助于戏剧的起源。

证据何在？在城邦酒神节，每三部悲剧作为一个单元之后，（至少在公元前5世纪）都会表演一出萨提尔戏剧，那是一种滑稽戏，伴有热闹的萨提尔合唱团。有证据表明，悲剧最初是与那些涉及狄奥尼索斯主题的神话有关，而它很快就转向非狄奥尼索斯主题；而萨提尔戏剧则确立在节日程序之中，为了调和观众，让他们接受狄奥尼索斯的内容从悲剧中的消失。

再者，亚里士多德在其《诗学》（迄今为止关于悲剧的起源的最佳资料）第四章说道，悲剧开始于即兴创作，经过很长时间，才获得庄严的风格，"因为它从萨提尔戏剧发展而来"。他还说悲剧从"酒神赞歌（dithyramb）的领唱者"发展而来。这一证据前后一致。酒神赞歌是对狄奥尼索斯的赞美（起初是在游行中），有可能是由萨提尔表演。实际上，在雅典的安特斯节，似乎有吹奏管乐的萨提尔参与在节日的游行之中，而那种游行有可能伴随着酒神赞歌。再者，游行之后，可能是古老皇家宫室中的秘密仪式。

有证据表明，从酒神赞歌到悲剧的转变过程中，一个关键步骤是从传统的游行中的赞歌转变为在一个固定地点（游行的重点，在祭坛上，在城市中心而非边缘）照着曲谱唱歌，同时增加了庄严的气氛，引向悲剧。在《酒神伴侣》中，入会者狂欢队护送狄奥尼索斯进入城市，在剧场的前排位置围绕祭坛列队伫立，组成合唱队；他们所唱的歌具有大量的酒神赞歌的特征。

另一个从城邦酒神节消失的例行做法——因为被吸收进了戏剧的发展——是神秘崇拜仪式，它在酒神赞歌和萨提尔戏剧中都留下了痕迹。神秘崇拜仪式给戏剧的发展贡献了某种东西，尽管我们习以为常，在前戏剧时代的社会里却是（在仪式之外）非常罕见的，那就是放弃你的日常身份，扮演一个全新的角色。狄奥尼索斯的神秘崇拜仪式可能采取了一个简单的戏剧形式，这一点从(第五章里讨论过的)后来的碑文证据中看得非常清楚。在神秘崇拜仪式和雅典戏剧中,身份的转变都有可能采取极端的异性装扮的形式(演员和合唱团都是男的)。

如同第五章所描述的,神秘崇拜仪式还有两个特征与此有关。首先是神秘入会者可能会经历一场虚构的死亡(就像悲剧演员),表现为献祭的动物的真实的死亡("悲剧"一词来自用山羊献祭时所唱的歌)。其次,他可能戴面具,装扮成一个萨提尔。萨提尔面具和狄奥尼索斯面具早于戏剧。在所有神灵之中,狄奥尼索斯与面具最有关联性。例如,在早于戏剧的诞生两代人之前出产于雅典的弗朗索瓦斯花瓶上,他那张面具般的脸显得尤为突出(第二章)。

在狄奥尼索斯庆典中,全体市民一起在街道上观看仪式中扮演的神话,但是在庆典的核心,他们被排除在神秘仪式之外。因此,不仅传统的游行中的赞歌转变成了山坡上(以便让所有人都能看得到)有曲谱的、固定不动的赞歌,而且还有神秘仪式的秘密场景不可抗拒地公开在整个城邦的众目睽睽之下。古希腊的仪式习惯于扮演它自己的原因论神话,我怀疑,最初的悲剧是神秘崇拜仪式中演示的原因论神话的戏剧化——正如一个世纪之后推崇传统的《酒神伴侣》。

但是,这并不是说,悲剧就是简单地从萨提尔实行的神秘崇拜仪式发展而来。现存的悲剧有时是各种不同的仪式表演的混合物，我猜想悲剧的（不可恢复的）起源混杂着若干种不同的表演：其中一个贡献也许来自英雄的坟墓上实行的崇拜仪式，例如，甚至是朗诵荷马。而在这种多样化的社会环境中，我们还应该加上前所未有的政治—经济因素，在此无法表现。

在雅典的狄奥尼索斯节上，也上演喜剧，但是它的起源比悲剧更加难以复原。希腊文的komoidia（喜剧）意味着"在komos上唱的歌"。而komos这个词是指一种狂欢作乐，尤其是与狄奥尼索斯及其节庆有关。亚里士多德认为喜剧来自"俄耳甫斯颂歌的领唱者"，但是也只能承认，不像悲剧那样，它的早期阶段不得而知。阿里斯托芬戏剧的那种精致的结构在多大程度上来自在此之前存在着的仪式，也不可能断定。亚里士多德头脑中的那种歌的范例是在小型的乡村游行中所唱的阳具崇拜的歌，结尾是在阿里斯托芬的《阿卡奈人》（241—279）中向狄奥尼索斯致敬所颂扬的阳具。在雅典实行的狄奥尼索斯仪式有各种不同种类，而它们之间的这些差异（以及互补性）构成了戏剧类型与它们所促成的起源之间的差异（以及互补性）。

狄奥尼索斯戏剧

最早的有完整剧本留存至今的戏剧家是埃斯库罗斯（公元前525—前456）。这些现存的剧本没有一部是关于狄奥尼索斯的，但是在归属于埃斯库罗斯名下的大约六十部悲剧中，有两部很有可能是关于狄奥尼索斯的（《阿塔玛斯》[*Athamas*]和《托克索泰德》[*Toxotides*]），有七部是确定的：《塞墨勒》（*Semele*）、《科赛特瑞安》（*Xantriai*）、《彭透斯》（*Pentheus*）、《酒神伴侣》（*Bacchae*）、《埃多尼亚》（*Edonians*）、《酒神狂女》（*Bassarids*）、《少年人》（*Neaniskoi*）。有可能，《塞墨勒》《科赛特瑞安》和《彭透斯》构成了一组关联的三部曲。这个三部曲可能戏剧性地呈现了最终导致彭透斯死亡的事情，也包括他的死，就像欧里庇得斯的《酒神伴侣》戏剧性地呈现的那样。这些戏几乎没有任何留存，但是我们知道它们包括赫拉（Hera，作为塞墨勒和狄奥尼索斯的敌人）的出现，以及激励着女祭司们的《莉莎》（*Lyssa*，意为疯狂）。似乎在塞墨勒怀着狄奥尼索斯的时候，任何人只要碰到她的肚子就会被酒神控制。狄奥尼索斯的诞生，即便只是口头说来，也是一个异乎寻常的事件。伴随着毁灭了他母亲塞墨勒的电闪雷鸣，他的出生与（也许是以某种方式体验了)神秘入会仪式有关;因此,它既是酒神赞歌的常见主题,又在欧里庇得斯的《酒神伴侣》中引人注目(3,6—12,42,88—103,243—245,286—297,512—229,597—589,623—624)。最有价值的《埃多尼亚》的片段指出(也许是在酒神赞歌式的进门歌[entry-song]里),令人恐惧的鼓声就像地下的雷鸣。

归于埃斯库罗斯的《酒神伴侣》可能也是他的《彭透斯》的另一个名字。而《埃多尼亚》戏剧性地表现了色雷斯(Thracian)国王赖库尔戈斯(Lykourgos)对新来的狄奥尼索斯徒劳的抗拒,可能也包括狄奥尼索斯的胜利和赖库尔戈斯受到的惩罚。现存的片段表明,这出戏无论在故事情节还是在细节上,都类似于欧里庇得斯的《酒神伴侣》。随后的《酒神狂女》和《少年人》与它构成一组相互关联的三部曲。酒神狂女是色雷斯的女祭司,狄奥尼索斯派她们去肢解俄耳甫斯。这是因为俄耳甫斯访问地下世界(去找他妻子)之后,就放弃了他对狄奥尼索斯的忠诚,转而敬奉太阳为最高的神,称之为阿波罗。看来,俄耳甫斯在地下世界的黑暗中经历了一道亮光,就像《酒神伴侣》中彭透斯所经历的黑暗中的光,这是神秘入会仪式中类似体验的神话投影。神秘入会仪式作为对死亡的预演,经常包含一种体验,就是在死亡的黑暗中的一道亮光(等同于一位拯救者,"光明本尊［Being of Light］"），在这个和其他方面类似于跨文化的濒死体验（第五章）。这个三部曲的第三个戏剧《少年人》的主题不得而知。有人认为它通过建立对俄耳甫斯和阿波罗的崇拜而重新恢复了平衡。

除了欧里庇得斯的《酒神伴侣》之外，他与索福克勒斯关于狄奥尼索斯的戏剧，我们知之不多。一些不太重要的悲剧作家写过一些狄奥尼索斯悲剧。波吕弗雷斯曼（Polyphrasmon）写过一个关于狄奥尼索斯和赖库尔戈斯的三部曲（公元前467年）。一再出现的标题是《酒神伴侣》和《塞墨勒》，还有一个悲剧（作者是斯宾萨罗斯［Spintharos］），题为《雷击塞墨勒》（*Semele Thunderbolted*）。

狄奥尼索斯也出现在另外两种戏剧类型之中，即萨提尔戏剧和喜剧，他在其中作为节庆之神，主持其事。尽管萨提尔戏剧的合唱团总是由他的萨提尔狂欢队构成，酒神本人似乎通常不在场，尤其是萨提尔经常是某个不友善的主人的囚徒——例如在唯一完整保存下来的萨提尔戏剧，欧里庇得斯的《独眼巨人》（*Cyclops*）中，他们是西西里的波吕斐摩斯的奴隶。在序幕中，萨提尔合唱队的到来让西勒诺斯想起他们先前在音调深沉的里拉琴伴奏之下跳着性感的舞蹈，当时他们一度作为一帮纵酒狂欢者，护送狄奥尼索斯到达他的情人阿尔泰亚（Althaia）的房子。这个欢乐的事件也许曾经得到戏剧性的表现，现在已经亡佚。一个引人入胜的例子，一个亡佚的萨提尔戏剧，其中有狄奥尼索斯本人，是索福克勒斯的《小狄奥尼索斯》（*Dionysiskos*, "Little Dionysos"），其中，幼儿狄奥尼索斯发明了酒，萨提尔对此表达他们的喜悦。

在幸存的喜剧中，狄奥尼索斯在阿里斯托芬的《蛙》（公元前405年）中发挥核心作用，尽管是一个非英雄的角色。至于那些已经亡佚的喜剧，他们留存的标题表明，狄奥尼索斯经常出现在古老的喜剧中，偶尔我们也能不止一次瞥见他的存在。在欧波利斯（Eupolis）的《军官》（*Taxiarchoi*, Officers）中，他去指挥官福尔米翁（Phormion）那里学习战争的艺术。喜剧诗人赫米普斯（Hermippus，63）的一个片段提供了包含诸多事例的一张清单，狄奥尼索斯把他的船从地中海东部开到雅典，而另一个片段则让他叙述并判断各种各样的酒。在克拉提努斯（Cratinus）的《酒神亚历山大》（*Dionysalexandros*）中，萨提尔伴随狄奥尼索斯经历了一场艳情的历险，这次是跟海伦（Helen）。因此，我们现在已经看到，狄奥尼索斯的异性结合不仅发生在安特斯节和（也许是）萨提尔戏剧中，也发生在古老的喜剧中。它也出现在戏剧小品，或"场景剧（tableau）"中，色诺芬（Xenophon，《会饮》[*Symposium*]，9.2—7）

描述了它在公元前421年的一场会饮中的表演：阿里阿德涅打扮得像个新娘，狄奥尼索斯在管乐器演奏的"酒神引（Bacchic rhythm）"中追逐她，在他们拥抱之后，她肯定了对他的爱，他们上床就寝，让旁观者兴奋不已。

饮酒聚会中的这种色情表演说明，是狄奥尼索斯特别激发这种恣意放肆，它偏好于戏剧小品的演出，在不同于剧场的语境之中。狄奥尼索斯式社团的庆祝活动就是一种此类语境（第五章）。狄奥多罗斯（4.3）描述了很多古希腊城市里的女人的活动，"通常赞美狄奥尼索斯的**在场，模仿**女祭司，她们是酒神的伙伴"（着重为笔者所加）。后来的一个文本（亚里斯提德[Aristides]22和20的注释者）告诉我们，"在游行中，一个男人表演狄奥尼索斯，另一个是萨提尔，还有一个是巴克斯"。这让人想到克劳多斯（Claudius）皇帝的妻子麦瑟琳娜（Messalina）（塔西佗[Tacitus]，《编年史》[*Annals*]，11.31）的宴饮狂欢（公元48年），其中有模仿酿酒的行为，有葡萄榨汁机和流动酒缸。穿着兽皮的女祭司跳跃起伏，就像在献祭，或者处于疯狂之中。麦瑟琳娜披头散发，摇晃着酒神杖，旁边是她戴着常春藤花冠的爱人西利乌斯（Silius），在他们的周围则是一个合唱队的尖锐的声音。维提乌斯·瓦伦斯（Vettius Valens）爬到一棵大树上，他从那里看到一场暴风雨正在从奥斯提亚（Ostia）过来。正如西利乌斯似乎就是狄奥尼索斯（而麦瑟琳娜是阿里阿德涅？），因此，维提乌斯·瓦伦斯可能就是彭透斯，他在《酒神伴侣》中被安置在一棵大树顶上，表面上是为了让他能看到（怀有敌意的）女祭司。

雅典戏剧是狄奥尼索斯式的吗？

古典时期的雅典戏剧有一部分来自狄奥尼索斯仪式，它的空间性和世俗性语境是狄奥尼索斯式的。它在狄奥尼索斯圣殿演出，伴随着狄奥尼索斯节庆期间的狄奥尼索斯仪式（特别是一个游行队伍把动物带到圣殿献祭）。狄奥尼索斯连同缪斯一起，通常被视为诗歌灵感的来源。在阿里斯托芬的《蛙》里，狄奥尼索斯自始至终是与悲剧密切相关的情节结点，而埃斯库罗斯被称为"酒神之主（the Bacchic Lord）"（1259）。埃斯库罗斯的戏剧"充满了狄奥尼索斯"（普鲁塔克，《道德论集》，715）。在传说中，狄奥尼索斯叫埃斯库罗斯去写作悲剧，并且保护死去的索福克勒斯（保塞尼亚斯，1.21.1—2）。

然而，在我们所知道的大多数雅典戏剧中，狄奥尼索斯的情节并未出现。它们的内容有什么是狄奥尼索斯式的呢？萨提尔戏剧中总是有狄奥尼索斯的同伴，作为它的合唱队，他们展示了对于各种快乐——酒、舞蹈、音乐和性——充满活力的执着（或者怀旧），而那也是他们缺席的主人所爱好的。在欧里庇得斯的《独眼巨人》里，狄奥尼索斯的缺席（也许就像在其他萨提尔戏剧里一样）让人感到失落，而一旦从波吕斐摩斯那里解脱出来，他们期待——在戏剧的结尾——重新加入永久服侍狄奥尼索斯。至于喜剧，它的各种各样的特征——阳具崇拜的装扮、粗俗的感性享乐、轻松愉快的心情、尖刻的语言、大笑、放纵不羁、淫秽、狂欢作乐——也都是与狄奥尼索斯有关的一种庆祝活动的特征。

另一方面，悲剧远离于另外两种戏剧类型的热闹和低级快乐。确实，它起源并演出于狄奥尼索斯的节庆，而且可以确信它的特征来自狄奥尼索斯仪式，后者促成了它的诞生。这些特征包括面具、仪式中经常出现的招魂、担任合唱队的人们（就像女祭司那样）的社会边缘性、合唱队在演出中的中心地位、合唱队以其舞蹈与狄奥尼索斯结合的倾向，甚或还有某个受难的个体的中心地位。但是，它们都不足以使我们把它形容成一种"狄奥尼索斯式"的类型，狄奥尼索斯本人只是偶尔在其中出现。

悲剧的内容是否还有别的什么东西是狄奥尼索斯式的？看来似乎显而易见，答案是没有。但是这个问题引出了一个宽泛的议题。古希腊神灵是人类的建构。我们始终有必要追问,人类的欲望或需要之中,是什么产生了这一位特定的神,或者造成了某一位神的这种特定的性格或行为。往往不可能有单个答案,或者至少是极其复杂的——例如,当这些需要和欲望使得神的形象并不前后一致。但是,我们还是应该提出这个问题。

什么样的人类需要或欲望产生了狄奥尼索斯?我们已经确认,那是对于酒的神秘力量表达尊敬和感激之情的需要,以及共同体表达它的统一性的需要。建构狄奥尼索斯的这两个来源可能是一致的,因为酒消解了个体之间的心理障碍,从而促成了共同体。但是,这种消解个人界限的力量,也是狄奥尼索斯狂欢队的集体疯狂之所需,同样也是让个人加入狂欢队的神秘入会仪式之所需。狄奥尼索斯式的神秘入会仪式的基本法则是个人认同的根本转变。这种转变可能包括男性和女性、人类和动物,以及——最重要的是——生与死之间的界限暂时解除。而神的显灵可以作为狂欢队或共同体的统一性的焦点,或者是作为惊恐不安的入会者得到拯救的体现。

上面这一段指明了前面五章的连贯性。但是神话中的狄奥尼索斯还有另一个显著的、有特征的行为。当人们拒绝引进对他的崇拜,他就激发他们的疯狂,让他们在疯狂中杀死自己的亲属(例如,米亚斯的女儿们,赖库尔戈斯),然后崇拜仪式就建立起来了。这个序列戏剧性地表现于欧里庇得斯的《酒神伴侣》，可能也表现在埃斯库罗斯的《埃多尼亚》。专制家庭的自我解体（尽管是在狄奥尼索斯的激发之下）引向整个社会群体的崇拜仪式。这个模式经常出现在悲剧里（虽然它的两种基本因素都与荷马格格不入），尽管狄奥尼索斯并不出场。就举两个例子：在欧里庇得斯的《希波吕托斯》（*Hippolytus*）里，忒修斯对他的儿子希波吕托斯之死负有责任，在这部戏的结尾，阿耳忒弥斯（Artemis）预言了希波吕托斯在特洛曾（Trozen）的崇拜仪式。而在他的《赫拉克勒斯》里，赫拉克勒斯在疯狂中杀死了他自己的孩子，而在恢复理智之后被带到雅典，他将在那里接受整个城邦为其庆祝的英雄崇拜（1332—1333）。我认为这种行为模式起源于最早期的悲剧中的狄奥尼索斯主题——在那里，它大多发生在家里：狄奥尼索斯，疯狂和共同体之神，激发杀害血亲并建立公共崇拜。这种模式随后传给了后来的悲剧，而狄奥尼索斯本人在其中并不出现。

这个猜想得到了悲剧的另一个特征的佐证。即使在没有狄奥尼索斯出现的戏剧里，他也可能因为与我们的模式之间的联系而被人想到。譬如在欧里庇得斯的《赫拉克勒斯》里，赫拉克勒斯被赫拉投入了疯狂之中，他杀死了自己的孩子，而这种疯狂有几次是用狄奥尼索斯式的术语加以形容的。事实上，把狄奥尼索斯式的术语用于杀害血亲的疯狂在悲剧中绝非罕见，正如——举另一个例子——克吕泰涅斯特拉（Klytaimnestra）在埃斯库罗斯的《阿伽门农》（*Agamemnon*）里（被一条几乎可以肯定的校勘）称为"哈得斯的一位狂乱的女祭司，鼓吹对她血亲发动无休止的战争；她发出胜利的尖叫，无所畏惧，那模样就像从一场战斗中归来"（比较《酒神伴侣》中的女祭司战士）。尽管不是狄奥尼索斯使得克吕泰涅斯特拉杀死了她的丈夫，我们还是感到这里的"女祭司"可能不仅仅只是一个隐喻。

再者，女祭司式的克吕泰涅斯特拉应该被描述成一个男性形象（战士），这指向悲剧的另一个特征，它可能继承自它的狄奥尼索斯式的源头。这是悲剧中的一个倾向，就是让对立特征之间的界限被消解，因此，一个人可能既是男人又是女人，既是人类又是动物，甚至既是活着的又是死了的。这些就是在狄奥尼索斯入会仪式中被解除（两极混同）的三种界限，与之一起被解除的是把个人的心理与群体区隔开来的那种固执的界限。而所有这四种解除，在《酒神伴侣》予以戏剧性表现的狄奥尼索斯入会仪式的神话投影中都非常显著。但是它们也会在完全没有提到狄奥尼索斯的情况下出现在悲剧中，例如索福克勒斯的《埃阿斯》（*Ajax*）里的所谓"骗局演说"。

我的结论是，悲剧只能在有限的意义上被称为狄奥尼索斯式的（甚至在没有提到狄奥尼索斯的情况下），它通常表现那样的一种过程，可以被想象成是由狄奥尼索斯引起的：个人认同的颠覆、受疯狂驱使而杀害血亲（家庭的自我解体）、在一群人（狂欢队、合唱队）围绕之中的个体的（虚构的）死亡、引向整个共同体的崇拜。想要表现这些过程的人类的需要表达为这样一种思想观念：它们是由狄奥尼索斯激发或要求的。但是它也表现在悲剧中，无论狄奥尼索斯本人是否出现在其中，以及我们是否愿意称它们是狄奥尼索斯式的。

这种人类需要从何而来？有一种需要，是在面对死亡的时候转变个人认同，表达在神秘入会仪式之中；还有一种需要，是一个共同体感受到自身的统一性。我认为，悲剧也发展了潜在于狄奥尼索斯神话中的政治意义。长久以来，狄奥尼索斯都与界限的解除有关，那些界限内在于狂欢队或整个共同体的公共性，而它们的解除要求女人从她们的家庭中脱离出来。这种脱离很容易——尤其是在神话的极端逻辑中——被想象成拒绝封闭的家庭，要求公共庆祝活动的开放空间。对狂欢队或城邦的忠诚似乎威胁到了对家庭的忠诚。再者，参加已入会者的共同体（狂欢队）所要求的个人认同的转变，可能要求个体在入会的过程中经受一种虚拟的死亡。在家庭与共同体、个人的受难与共同体的幸福之间的这些紧张，最终表达为某种新的东西——一种政治变革，从专制统治转向城邦崇拜中的共同的幸福安乐。这种方案在《酒神伴侣》中最为明显，就是"暴君"彭透斯徒劳地抗拒新的崇拜，因而被他的祭司母亲杀死。但这也可见于并不与狄奥尼索斯本人有关的悲剧之中。

雅典的专制制度在公元前510年被推翻，那是悲剧起源于狄奥尼索斯的希德罗剧场（Dionysos Eleutherues）的节日的关键时刻，在这个一年一度的节日上，重复上演着一位外来者（狄奥尼索斯）显灵式的到来——一个有助于政治统一的仪式（第四章）。这个节日也包含着宣告——也许贯穿于公元前5世纪的大部分时间——杀死某个暴君所得到的回报（雅典的民主政体害怕暴政专制的诸多迹象之一）。在现存唯一的有狄奥尼索斯出现的悲剧中，他从外面被护送进来，激发专制家庭毁灭自身，建立对他的崇拜，完全凭借着与人类之间独特的显灵式的亲密关系（第四章），以及人格化的力量（他自己作为大祭司，彭透斯作为女祭司），使得对他的崇拜有助于戏剧的诞生。

这并不是说，悲剧观众只是简单地为强有力的个人的死亡和专制家庭的自我毁灭而深感欣喜。顽固的个人与集体之间的心理界限得到狄奥尼索斯式的解除，这可能不仅带来了合唱队，而且带来了整个剧场。正是从这个方面来说，剧场可能是最深刻的狄奥尼索斯式的。在悲剧中，这种解除可能为受难的个人引发集体的哀悼,但是这又与一种(有意识的或无意识的)心满意足的感觉完全一致。这种满足在于从悲惨的独裁专制的危险的僭越,过渡到市民崇拜的建立,在某些情形下,它一直保持着为悲剧性的个人(英雄崇拜)的公共的哀悼。公共的哀悼增强了公共的团结,无论如何,古希腊人非常明白,眼泪可以令人愉悦。

狄奥尼索斯与公元前 5 世纪之后的戏剧

尽管没有多少古希腊戏剧留存到公元前 5 世纪之后,我们还是知道,在整个古代时期,它保持着起初时与狄奥尼索斯的关联。这种关联的两种证据特别有趣:(1)来自意大利南部,尤其是阿普利亚地区的瓶画,以及(2)称为狄奥尼索斯艺术家的表演者行会的碑文证据。

(1)在坟墓中发现了大量公元前 4 世纪的阿普利亚绘画花瓶(第六章)。就像在坟墓中有望发现的绘画一样,很多花瓶似乎体现了对于来世的希望。这些绘画中有很多是关于神话的,或者至少是神话中的个别人物。其中有些个体似乎具有末世学的意义,比如赫拉克勒斯、普罗特西拉奥斯(Protesilaos),或者俄耳甫斯,他们个个都是从地下世界回来的。在少数绘画中,似乎死者被认同于神话传说中的某个人物形象。即便在没有明显的末世学意义的场合,对于神灵和英雄的描绘似乎意在让死者被吸收进英雄—神圣的世界。在大致相同的时间和地点(意大利南部)的狄奥尼索斯式的陪葬金箔上,出现了一些神秘的惯用语:"你将变成一位神,而不是人";以及"从此之后你将统治各路英雄[和别的人]"。在一幅阿普利亚瓶画(由巴尔的摩[Baltimore]画师绘制,巴黎,私人收藏)上,阿喀琉斯的帐篷似乎被比作哈得斯的宫殿。

在古代的仪式,尤其是死亡仪式的制定中,对神话的体验是很重要的。例如,在《伊利亚特》中,阿喀琉斯讲述了尼俄柏哀悼她的十二个孩子的神话,以此作为他和普利安(Priam)陷入哀悼之中的范例(就连尼俄柏,尽管她极度悲痛,最终也吃下了东西),而这个神话也是阿普里安瓶画的一个主题。这种对神话的使用是极其基础的,以至于可以留存至基督教——例如希腊人关于丧礼宴席的信条来自基督在十字架上对他母亲的建议,尽管她非常悲痛,也要准备丧礼宴席。可以料想,表示安慰的言辞——至少早在公元前4世纪——有时候会在私人葬礼上发表,尽管这些演讲没有留存下来。后来的一篇修辞学论文介绍了神话在葬礼中安慰人的力量,比方说阿喀琉斯的神话用在一个年轻人的葬礼上。卢西安也提供了证据表明有关于

"古代灾祸"的葬礼歌曲(《论悲伤》[*On Grief*],20)。

某些关于神话的绘画——也许大多数不只是第一次出现——受到了戏剧表演的启发。已经有人有力地论证了,悲剧中的若干场景被画家选取——甚或变形——来表达对死后生活的希望。有一个例子来自关于安德罗米达(Andromeda)的绘画,表现她被捆绑起来,但是将在临死之际获救并结婚,那是索福克勒斯和欧里庇得斯的著名悲剧的主题。甚至大量结局糟糕的悲剧性的神话也可以用来缓解人类的苦难,通过提供更为巨大的苦难(用作对比)或者是一些宏伟的联系。很多(如果不是全部)现存的关于尼俄柏的阿普里安瓶画都受到埃斯库罗斯的悲剧《尼俄柏》的影响。公元前4世纪的雅典人提莫克勒斯(Timokles)写过一个喜剧,题为《酒神节的女人》(*Women at the Dionysia*),它所留存的一个片段描述了悲剧的用途:各种形式的人类痛苦都能通过考量处于更坏状态中的悲剧人物形象而得到缓解,"有人的孩子死了,尼俄柏是一个安慰。有人瘸了,让他看看斐洛帖(Philoktetes)",诸如此类(残篇,6 *PCG*)。

是什么让死者把来自悲剧的神话故事随身带到了地下世界?我猜想,不仅是它们令人宽慰的性质,还有它们的剧场表演所造成的持久印象之间的强有力的结合。尤其是在悲剧中,神话得以复活。通常绘有地下世界的花瓶,与那些受戏剧表演

100

启发的绘画，有着同样的组织结构。这些地下世界的场景有时候也包含悲剧的服饰，以及与狄奥尼索斯的神秘崇拜仪式相关的象征物。

阿普利亚陪葬花瓶的另一个尤为常见的主题是狄奥尼索斯、他的随从，还有他的象征物。我们已经看到，狄奥尼索斯神秘崇拜仪式，连同它对地下世界的幸福安乐的希望，在意大利南部的流行（第五章、第六章）。正因为狄奥尼索斯也是悲剧之神，这也就成了处于悲剧场景的救赎关系之中的另一个潜在因素。为了阐明剧场式的和狄奥尼索斯式的救赎之间的并存关系，我将描述大约公元前330年（在奥利弗·塔普林［Oliver Taplin］的《喜剧天使》［*Comic Angels*］中有阐释，图5）一个阿普利亚螺旋形搅拌碗上描绘的主题，不无随意地选自很多类似的瓶画。

其中一侧的主要场景展示了几个人物形象，有神和人，取材于弗里克索斯（Phrixos）和海勒（Helle）的故事。由于他们的后妈伊诺（Ino）的敌意，乃至于有被献祭的危险，他们就逃走了。画面所选择的时刻是弗里克索斯和海勒开始怀疑是他们自己——而不是祭坛上的公羊——受到了他们的父亲阿塔玛斯（Athamas）手里握着的刀子的威胁。很快那只金毛公羊将会驮着他们腾空而去。这是公元前5到前4世纪的雅典悲剧中的一个流行主题。

另一侧的主要场景展示一个葬礼的**神龛**（*naiskos*）——一个小小的圣殿似的结构，在一个基座上，两边各有一根爱奥尼亚式（Ionian）柱子，顶上冠以山墙。神龛内部是一个裸身站立的年轻男子，外面有六个人物，一边三个，每个人都携带着一种或多种仪式器物。在这个场景之上，画在瓶颈上的，是一片鲜花盛开的草地，坐着一个裸体的年轻人，一手拿一支酒神杖，一手拿一个容器，从两串葡萄中自动流出液体——想必是酒——注入容器。在他的一边是一个长着翅膀的女性形象，另一边是一个萨提尔，各自带着仪式器物。虽然主要场景展示的是死去的年轻人在他的葬礼神龛中，有凡人围绕着他，平静地供奉祭品给他，而在这之上的场景则显示他在狄奥尼索斯式的乐土，有长生不死者围绕着他——如果实际上那个坐着的年轻人是死者，而不是狄奥尼索斯本人的话（或者，他也可以是前者被人信服地想象成了后者）。葡萄酒自动流出，意味着一个无须劳作的世界。就像我们在第六章看到的，饮用葡萄酒是入会者的另一个世界的主要特征之一。喜剧诗人斐勒克拉忒斯（Pherecrates）所写的一个片段暗示冥府的葡萄酒供应是无限制的。

这个瓶子可能用于葬礼（用于奠酒或者宴席），与死者一起下葬,它所描绘的既有在葬礼的纪念中的,也有(看来是)在狄奥尼索斯式的来世生活中的死者。因此,难以相信另一个主题,即弗里克索斯和海勒,以及他们从近在眼前的暴力死亡中奇迹般地越海逃逸,是任意选择的。悲剧性的神话与狄奥尼索斯的结合在阿普利亚瓶画中非常普遍,但是并非局限于此。例如,有人注意到,在利帕里岛(Lipari,在西西里岛北岸以外)发现的花萼状调酒器,"遍布着来自剧场和特定的狄奥尼索斯崇拜仪式中的图像学装饰,互相缠绕,其中包括数例酒神本人的在场"(伊娃·库尔斯[Eva Kuels])。

(2)在阿提卡发展之后,戏剧传播到了希腊语世界的大部分地区,它随着亚历山大大帝(公元前356—前323年)的征服而大大扩张开来。结果,戏剧表演者开始变成职业的,他们可能受雇于各个城市。从公元前3世纪早期开始,以及此后的六个世纪里,我们发现证据(多数是碑文)表明有表演者的同行协会,被称为狄奥尼索斯的 *Technitai*("**艺术家**"或"**手艺人**"),它们安排事务并代表表演者的利益。我们知晓很多情况,比如表演者的组织、报酬、地位和流动性等。但是我们在此感兴趣的是这一事实:这些社团组织最尊敬的神灵是狄奥尼索斯。除了关注其成员的利益之外,它们同样也是宗教信仰的社团组织,以它们的"神灵"为荣耀。

此外，还有证据表明——就像其他狄奥尼索斯社团一样——*Technitai* 也实行神秘崇拜仪式。我们已经看到，由入会者组成的狄奥尼索斯社团扮演狄奥尼索斯的神话般的联想，同时也演出戏剧，而在士麦那市（Smyrna），有一个"与狄奥尼索斯－布莱苏斯（Dionysos Breiseus）有关的 *technitai*（也就是**演员**）和 *mustai*（**神秘入会者**）"的社团。公元前78—前7年的一个碑刻的法令提到，雅典的狄奥尼索斯 *Technitai* 在厄琉西斯建立了一个祭坛和圣所，他们在那里奠酒、唱赞歌，并在神秘的日子里给德墨忒耳和科尔供奉祭品和酒。而来自安卡拉的一个碑刻的法令，出自哈德良皇帝治下的狄奥尼索斯的 *Technitai*，提到了一场"**神秘的竞赛（***mustikos agōn***）**"和"**神秘事物（***mustērion***）的各个方面**"（*IGR* 3.209）。一个通常被认为是指涉狄奥尼索斯的阿尔基弗隆城（Alkiphron，公元2或3世纪）的片段认为，剧作家米南德（Menander，大约公元前342—前293年）期望"每年在他的壁炉式祭坛（eschara）上为狄奥尼索斯唱颂歌，实行神秘崇拜仪式（mustēriōtidas teletas），在一年一度的舞台表演（thumelais）中上演一出新剧"（4.18.16）。

前面讨论的这两种证据——阿普利亚瓶画和关于狄奥尼索斯 *Technitai* 的碑文，显示了戏剧和神秘崇拜之间有一种密切的关系。两者在三个重要方面有彼此相似的表现。首先，在神秘仪式的高潮，如柏拉图和其他人弄清楚的，是让人看到某种东西，一个奇特的场面。其次，我已经证明——在戏剧之前就存在的庆典中——至关重要的是，在神秘仪式中要建立认同的变化，而神秘仪式又是戏剧起源的一个重要因素。第三，在悲剧和萨提尔戏剧（甚至在老式喜剧）中加以模仿的主要是超人类层次。就像神秘崇拜仪式一样，戏剧倾向于揭示有关神灵的重要真相。

神秘崇拜仪式与戏剧既彼此相似，也互相渗透。神秘崇拜仪式经常包含仪式性的人格化显现（关于神灵、萨提尔等）。毫无疑问，它所扮演的通常是神话传说，例如厄琉西斯神秘崇拜中的寻找普西芬尼。生于公元2世纪中期的亚历山大城的克莱门特可能在他皈依基督教之前，曾经入会于狄奥尼索斯式的神秘组织。他在他的《劝导篇》（II）中写道："至于你们所说的有神秘入会仪式的那些神，我将把他们推出来（ekkuklēsō），就像在舞台上把生活推出来，让观众看到真相。"这暗示一种剧场装置（就是ekkuklēma），同时也反映了神秘崇拜的戏剧性，就像其他教父所指出的那样。他接着说，德墨忒耳和科尔"已经变成了一种神秘戏剧"。

狄奥尼索斯与戏剧之间的联系持续贯穿于整个古希腊古罗马时期，因此，例如晚至公元6世纪，加沙（Gaza）的乔里修斯（Choricius）还会把他为哑剧的辩护题为"为了在狄奥尼索斯剧场中表现生活的人"。但是这并不意味着狄奥尼索斯得到了戏剧迷的严肃对待，甚或只是想到而已。公元363年，朱利安皇帝（Julian，世称"叛教者［the apostate］"）抱怨剧场的放荡：他说，他希望他们得到净化，回归狄奥尼索斯，但是他意识到这是不可能的（《书信》，89）。然而，基督教徒经常因为其非道德性，但是有时候是因为其偶像崇拜而公开谴责剧场，这种谴责之频繁和激烈的程度表明，尽管不一定被想象成一种宗教体验，剧场还是让他们感觉是执行基督教礼拜仪式的竞争对手。因为它就像礼拜仪式一样，会在表演人和神灵的关系中引发群众情感，而在感受的复杂性和社会嵌入性方面胜于礼拜仪式。基督教徒德尔图良（Tertullian，约公元160—约公元240年）抱怨说，剧场属于维纳斯和利伯尔，在另一处他称它为 *ecclesia diaboli*（**魔鬼的教堂**）。在奥古斯丁看来，诸神要求公众上演他们自己的坏事，就是承认他们自己是不洁的灵魂（《上帝之城》，2.26）。

剧场感受的复杂性，有一部分来自它的舞蹈。在公元2世纪，异教徒卢西安写文章为舞蹈（哑剧里的舞蹈，经常是关于来自悲剧的主题）辩护，他指出公共舞蹈（在爱奥尼亚和本都［Pontus］）的大量流行，其间有人得意地扮演"泰坦、科律班忒斯（Koryhantes）、萨提尔和**波克莱**（*Boukoloi*，牧牛人；前引，67—68）"，引领市民；他形容舞蹈（大概有些可信）是"一种神圣的活动，一种神秘的活动，为诸多神灵所重视，并为向他们表示敬意而表演"（《论舞蹈》，79，23）。我们已经看到（第五章），狄奥尼索斯神秘崇拜仪式中的舞蹈预示了另一个世界的快乐。最终，教会不仅成功地废除了神秘崇拜仪式，而且把舞蹈（还有剧场）从信仰中分离出去，因此，让我们难以领会它们在古代的统一性之浑然天成。

小结

戏剧从狄奥尼索斯的崇拜仪式中发展起来，狄奥尼索斯仪式是其起源的一个重要因素。

狄奥尼索斯作为一个阿提卡戏剧人物，绝非罕见。但是，即使是那些他并未在其中出现的悲剧，也展示了一种形式，类似于狄奥尼索斯神话的戏剧化，或者受到后者影响。

再者，戏剧保持着与狄奥尼索斯之间的联系，直到基督教兴起之后。这种联系的两个最为丰富的表现，即阿普利亚瓶画和狄奥尼索斯艺术家的碑文，也都显示了戏剧和神秘崇拜仪式之间的联系。

八、心理学与哲学

引子

前一章宣称,狄奥尼索斯神秘崇拜仪式是悲剧起源的一个重要因素。这一章将在狄奥尼索斯神秘崇拜仪式与另一个古希腊的创造即哲学之间找出关联。这种关联有两条线索,一个来自神秘崇拜仪式作为智慧来源的地位,另一个来自灵魂在神秘崇拜仪式中的重要性。为了理解后面这种关联,以及进一步探索狄奥尼索斯神秘崇拜仪式与戏剧的密切关系,我们必须首先描述心理附体(psychological possesion)现象。

心理附体

发生在狄奥尼索斯崇拜中的非正常精神状态,与那些如今还在各种文化中发生的附体崇拜有可比性,比如巴西的**坎东布**

莱（candomblé），或豪萨（Hausa）的**波利**（bori）。在狄奥尼索斯崇拜仪式中也有发生附体出神状态的典型表现，包括颤抖、口吐泡沫、眼睛歪斜、失去痛感、倒地、想象死亡、失忆、头往后仰、体后屈等身体活动，以及必不可少的音乐和舞蹈。再者，由于附体出神状态包括认同的改变，它经常采取入会仪式的形式，让入会者与一种精灵或神交往，最终得到更新和协调，那就是一种**治疗**（cure）。在普通的附体崇拜和狄奥尼索斯崇拜的零碎证据之间有充分的相似性，足以表明后者能够借由前者得到谨慎的阐释。这尤其适用于柏拉图的一些评论。

柏拉图指出，母亲不是由静止不动，而是通过摇晃和哼唱，让她们的婴儿安静下来。他把这视为一种解决办法，与舞蹈和唱歌对那些在狄奥尼索斯式的疯狂中"心迷意乱"的人所产生的效果作比较。在这两种情形中，有待救治的是一种恐惧，它借由外在的动作转变为**安宁**（galēnē）和灵魂的**平静**（hēsuchia）（《法律篇》，790e）。

在另一处，柏拉图宣称，"我们最高的福祉通过疯狂而来，倘若它是作为一种神圣的礼物给予我们的"（《费德若篇》，244a9）。有某些家庭继承了疾病和痛苦，作为古老的罪过的惩罚，而有一种神圣的疯狂"通过接触**入会仪式**（teletai）和净化，让疯狂的人可以感知当下和即将到来的时间，以正确的方式附体和疯狂的人由此从当下的痛苦中得到解脱"（244e）。疯狂可能来自人类的疾病，也可能来自"从惯常的习性中得到神圣的解脱"（265），因此，成为"以正确的方式附体和疯狂"指的是神圣的而不是人类的疯狂：那就是柏拉图所说的**入会者**（*telestikē*）的疯狂，他把它归结于狄奥尼索斯（265）。

与其他文化的附体崇拜（尤其是与"前附体危机［pre-possession crisis］"）的比较，有助于我们看到，对于柏拉图来说，由古老的罪过引起的疾病（尽管暗中有神圣的起因）是"人性的"，在这种意义上它是**非仪式化的**（*unritualised*）疯狂，相应于婴儿自然的骚动，它通过入会仪式的程序，进入由音乐控制的狄奥尼索斯式出神状态下的活动，从而得到解脱。但事实上，一种自然而普遍的设想是，最初的、痛苦的危急时刻的疯狂也是（非仪式化的）被精灵或神附体，就像它有时在狄奥尼索斯神话里出现的那样——例如阿尔戈斯的妇女们因狄奥尼索斯而疯狂（然后她们得到狄奥尼索斯的祭司美兰波斯［Melanpous］的治疗）。在别的古代附体崇拜中也是如此，例如科律班忒斯崇拜，他既推行，又治疗疯狂。

品达（残篇，131）提到了 *lusiponoi teletai*（**脱离苦难的神秘入会仪式**）。古罗马学者瓦尔罗（Varro）形容利伯尔·佩特（即狄奥尼索斯）的仪式是"适用于灵魂的净化"。而拜占庭学者

把 *lusioi teletai*("**解放的神秘入会仪式**")一词解释为"狄奥尼索斯的仪式"。狄奥尼索斯**解放**(*liberates*)的各种方式(例如从囚禁中)包括通过神秘入会仪式的解放。而狄奥尼索斯把他的入会者从中解放出来的,大概包括柏拉图所形容的来自古代的罪过的那种疯狂,也包括人类的疾病。

我认为,所有这一切阐释了《酒神伴侣》开头忒瑞西阿斯对彭透斯的声明:"你是以最痛苦的方式疯狂。"彭透斯坚持他惯常的习性。他承受着痛苦的人类的疯狂,顽固地拒绝狄奥尼索斯建议的那种新的类型。我们已经看到,他后来的焦虑极其类似于普鲁塔克所描述的神秘入会仪式的体验,但是与他顽固抨击的那种带来解救的光明的体验(第五章)形成令人震惊的对比。也就是说,他坚持他在痛苦的人类疯狂中的状态,其结果是狄奥尼索斯带来的"轻度疯狂"植入他体内,只能导致他的毁灭。同样地,阿高厄的疯狂,尽管是狄奥尼索斯施加给她的,也以苦难告终,因为她也因拒绝他而僭越了(26—33),就像其他神话人物,比如赖库尔戈斯,以及米亚斯和普罗托斯的女儿们。

当彭透斯最初出现在舞台上,他被形容为"**在颤动中**(in a flutter)"(*eptoētai*),同一个词后来也用在戏剧中的阿高厄的"颤动",发生"**在灵魂**(*psūchē*)中",她的疯狂发作撕碎了她自己的儿子。它也在后来的文本中用于"较为无知"的人的头脑状态,那是他们的生活造成的,而在狄奥尼索斯入会仪式中,通过唱歌、跳舞和嬉戏而得以净化(亚里斯提德·昆体良,《论音乐》[*De Musica*],3.25)。类似的词,也意味着"颤动",用于阿里斯托芬(《云》,319)关于一个戏仿神秘(mock-mysıtc)的入会仪式中的入会者的灵魂,以及在死亡的颤动中,因为不愿离去而痛苦地围绕着身体的灵魂(柏拉图,《斐多篇》,108b1)。一些古希腊瓶画描绘灵魂像鸟儿一样离开身体。通往冥府途中的死者的**灵魂**,在荷马那里比作飞舞的蝙蝠(《奥德赛》,24.1—9),而在索福克勒斯那里比作鸟儿(*OT*,174)。在死者身体周围,因而也在神秘入会仪式(对死亡的一种预演)中颤动的灵魂,这种观念可能是灵魂之鸟(soul-bird)的观念的遗迹。如果真是这样,它呈现了一种主观的内涵,因为颤动可能是内在感受到的。

结合上述柏拉图和《酒神伴侣》的段落,我们可以推断,狄奥尼索斯把他的入会者从中解放出来或净化的那种痛苦的人类苦难或疾病,有时候表达为一种精神的颤动或焦虑,而狄奥尼索斯入会仪式既包括个人身份(以及惯常习性)的颠覆性的逆转,同时也包括对焦虑的强化,到达一个顶点后,让它——借助于音乐和舞蹈——最终能够转变为神圣的宁静,以及狄奥尼索斯本人的"**平静**（*hēsuchia*）"（《酒神伴侣》，622，647）。因此，带来宁静的狄奥尼索斯式的解放可以想象成不仅是从痛苦的精神焦虑，也是从仪式本身的强化中的解放。与彭透斯的颤动的焦虑相较而言，山坡上的女祭司们是温和而平静的，一个"井然有序的奇迹"（693），像一群起飞（而不颤动）的鸟（748）——唯有面对男性的敌意，她们才变得灾难性地具有攻击性。在一幅瓶画中（*ARV*，16.14），一个正在撕裂彭透斯的女祭司贴有一个**安宁**（*galēnē*）的标签，柏拉图（见前引，页106）把这个词用于狄奥尼索斯式的平静。

某个人被一种精灵或神"附体"，可能采取各种不同的形式：控制、侵犯、亲密共存、替换或认同。柏拉图的《斐多篇》224e（前引）用来表示"附体"的动词是 *katechein*，即"**压制，占据**"，它也在《酒神伴侣》（1124）中用于狄奥尼索斯对阿高厄所干的事。狄奥尼索斯也可能"**掌握**（*lambane*）"人们（希罗多德，4.79），并且通过"充分进入身体"（《酒神伴侣》，300）而激发预言。女祭司可能有"**神在她们之间**"（*entheoi*：索福克勒斯，《安提戈涅》，963）。尽管留存着一些迹象表明神秘入会仪式对狄奥尼索斯的认同，但是我们未曾听说强烈的认同形式，譬如神（或精灵）以被附体者的声音说话。狄奥尼索斯非同寻常地亲近于人，但是毕竟也属于遥远的奥林波斯，是一位城邦的神。

尽管作为一位城邦的神,狄奥尼索斯也被想象成出身于异域(弗利吉亚),而且狄奥尼索斯式的疯狂尤其联系于弗利吉亚式音乐风格和**弗利吉亚管乐器**(*aulos*)。对于音乐和附体之关系的一项研究(来自鲁热[G. Rouget])比较了这种弗利吉亚起源与被约鲁巴(Yoruba)神明附体、唱着约鲁巴歌曲的"干"部落人(Gun tribespeople,属于贝宁),或者是南非的被祖鲁(Zulu)或尼道(Ndau)精灵附体、唱着祖鲁或尼道歌曲的桑格人(Thonga)。另一项比较研究(来自刘易斯[I.M.Lewis])把外来的精灵视为象征着"边缘化的"附体崇拜,它对于被欺压蹂躏者,尤其是对于女人有一种特殊的吸引力。他相信,外来的狄奥尼索斯的附体对于女人的吸引力,就是典型的例证。

但是这种理论如果用于狄奥尼索斯,必须有所限定。我们可以说,尤其是在《酒神伴侣》中,女人被隔离在家,排除在权力结构之外,由一个据说是异域的神灵激励,在城市之外形成一个社会群体,它(虽然还是)结构紊乱,却有凝聚力。这也是关于城邦的核心崇拜的一个原因论神话。如果说狄奥尼索斯与男性统治的城邦正相对立,那就是一个很好的理由,让他在城邦的崇拜中被赋予一个核心位置,就像埃斯库罗斯的《复仇女神》(*Eumenides*)中的冤魂(Furies)。狄奥尼索斯与弗利吉亚的关联可能来自三个因素的组合：来自弗利吉亚崇拜的实际影响、来自别的地方的显灵到来的仪式（第四章），以及狄奥尼索斯的疯狂追随者的边缘性。

神秘入会仪式中的附体现象似乎有助于促成我们将其归功于古希腊的两个重要成就：悲剧和哲学。

关于悲剧，我将简短地介绍一下。在第七章中，我论证了狄奥尼索斯神秘入会者的**个人认同的变化**（*change of indentity*）是悲剧从狄奥尼索斯神秘入会仪式中发展出来的过程中的一个要素。现在我们可以补充一点，比较证据（comparative evidence）和柏拉图所提供的证据，都表明狄奥尼索斯入会仪式中发挥作用的个人认同变化可能会采取附体状态的形式。再者，在《酒神伴侣》中，彭透斯进入一种"轻度的疯狂"，并且在一个体现神秘入会仪式各种细节的场景中**装扮**（*dressed up*）成女性。比较证据也说明了个体在附体状态中的认同变化得到群体承认（"剧场化［theatralization］"）的重要性（鲁热），同时也说明一种倾向，就是在现存的戴面具的戏剧传统（日本和巴厘岛）中，甚至偶尔在西方传统中，（具有生理约束的）面具所体现的新的认同会在表演者身上产生另一种意识状态，甚至是出神状态（科迪隆［M.J.Cordiron］）。我认为这种现象对于理解古希腊悲剧从狄奥尼索斯崇拜中的起源非常重要，在此我无法更进一步探讨这种可能性。

哲学

至于哲学，狄奥尼索斯神秘入会仪式可能在两个方面有助于它的发展。首先来自神秘崇拜作为前哲学智慧来源的地位。其次，我将在适当时机加以讨论，来自神秘入会仪式和附体状态中**灵魂**（*soul*）的概念。

从公元前6世纪早期开始，一些古希腊人开始把这个世界看作一个体系，不依赖于任何个人化的神灵。这通常被认为是一场思想革命，一种科学的或哲学的世界观的起点。毫无疑问，它开启了一种观念——关于没有个人化的神灵控制的世界——以各种形式绽放于整个古希腊古罗马时代，与传统的诸神信仰发生冲突，直到基督教获得胜利。然而，传统的诸神神话和仪式依然非常强大，处于社会核心，甚至知识阶层也难以完全忽视它们。结果就是有各种复杂精密的尝试，把一些神话解释为抽象意义的体现，例如作为寓言。这种倾向尤其普遍存在于那些在神秘崇拜仪式中讲述的神话，那些神秘入会仪式的程序经常以一种高深莫测的形式，让智慧（普鲁塔克称之为"藏头露尾的智慧［telestic wisdom］"）对于入会者若隐若现，最终的结果是神秘崇拜仪式中讲述的神话吸引了寓言式的阐释。

第一位提到狄奥尼索斯,并认为他体现一种抽象原则的是哲人赫拉克利特,他生活于公元前6至前5世纪。他设想世界是以对立统一的原则建构起来的(例如,他说"神是白天黑夜、冬夏、饥饱")。他以一种在神秘崇拜中揭示智慧的方式来呈现他的智慧,但是抨击实际奉行的神秘崇拜:他似乎把他自己的智慧视为神秘智慧的一种更为抽象、更合乎逻辑的形式。他坚持认为,毫无疑问,作为对立统一的例证,狄奥尼索斯和哈得斯是相同的(残篇,15)。这基于一个事实,那就是,狄奥尼索斯虽然连接着热情洋溢的生命,也在很大程度上通过神秘崇拜而连接着死亡(第五章)。

按照年代顺序,随后出现的似乎以哲学视角来看待狄奥尼索斯的文本,是欧里庇得斯的《酒神伴侣》中的一个片段。其中,忒瑞西阿斯试图说服彭透斯相信狄奥尼索斯是一位伟大的神。他声称人类之中有"两位最重要的神"。一个是德墨忒耳或土地,她以"固体食物"养育凡人;另一个是狄奥尼索斯,他给凡人"液体饮料",即葡萄酒,来减轻他们的苦难(274—283)。鉴于彭透斯在《酒神伴侣》中作为入会者的角色(第五章),很有可能,忒瑞西阿斯的说教受到了狄奥尼索斯神秘崇拜中讲述的神话的影响。正如厄琉西斯的德墨忒耳神秘崇拜中庆祝她引进谷物,狄奥尼索斯引进葡萄酒也有可能在他的神秘崇拜中得到庆祝（第五章）。

也许神秘崇拜本身就是一种神话叙事的深层含义的"哲学"解释，因此，它不见得会排斥早期的宇宙论和医学理论中的干与湿的对立，甚或那种复杂的观念——如欧里庇得斯同时代的智者普罗狄科斯（Prodikos）所言——"古人把所有对我们的生活有好处的东西都当作神……因此，面包被当作德墨忒耳，葡萄酒则是狄奥尼索斯。"与狄奥尼索斯有关的不仅是葡萄酒，还有"所有生长的液体（all liquid growth）"，几个世纪之后的普鲁塔克明确肯定了这个观念（《道德论集》，365）。

肢解与灵魂

有一个神话，比其他所有神话都更为紧密地联系着狄奥尼索斯的神秘崇拜仪式，那就是我们在第五章里提到过的他的肢解。在赫拉的提示下，被称为巨人泰坦的原始神灵用一面镜子和别的东西引诱走了婴孩狄奥尼索斯，把他撕成碎片，煮了吃了。他们受到了宙斯的惩罚，被他的霹雳炸死。然后，从雅典娜保存着的他的心脏中，狄奥尼索斯得以复活。从被炸死的那些巨人尸体上升起烟雾，形成一阵烟尘，从中创造出人类。这是该故事某个版本的梗概，这个故事以各种版本被人讲述，包含各种不同的细节。

这个神话为何与神秘入会仪式有关联？肢解之后又复活，这个基本程序属于在其他地方发现的一个类型，表达了入会仪式中想象死亡和最终复活的极端磨难。狄奥尼索斯式（或"俄耳甫斯式"）的神秘崇拜继承了神话，把入会仪式想象的身体死亡和复活投射于狄奥尼索斯。尽管这有助于解释神话和神秘仪式之间最初的关联，但是古希腊人自己并不这么解释这一神话。神秘崇拜是让深刻的，甚至是哲学的智慧得以传播的一个最佳语境。因此粗略地肢解神话被解释为（令人摸不着头脑的）寓言。

一种解释认为这个神话意味着收获葡萄用来造酒，而狄奥尼索斯的新生命意味着葡萄产生了新的果汁（例如狄奥多罗斯，3.62.6—7）。如第五章所示，这种解释可能实际呈现为神秘崇拜仪式中喝酒的行为。一种更具哲理性的解释——由普鲁塔克（《道德论集》，389a）贡献给"神学家们"——认为，狄奥尼索斯的肢解和复原是一种谜一般的参照，指代宇宙的多样性和统一性。尽管这种指代是一种斯多葛派的观念，它与肢解神话之间的关联可能在一定程度上归功于神秘智慧的那种倾向，就是把神话解释为不可思议地指涉宇宙学。

还有各种各样的解释把这个神话视为一个涉及人类灵魂的寓言。这把我们带到了神秘崇拜可能有助于哲学发展的另一个方面。

通常翻译成**灵魂**（*psūchē*）的古希腊词汇，在荷马那里是指个人的某个组成部分，它在昏迷或死亡之际离开身体，在另一个世界中发展成一种非实质性的存在。它没有心理学的属性，在活着的自我中不发挥作用。在公元前6世纪的文本中，它没有失去早先的含义，但是也可以指涉情感在活人中的位置。现存最早对灵魂作出**理论化**（*theoretical*）阐述的作者是公元前6世纪的哲人赫拉克利特。他阐述了灵魂的物理构成，并且设想灵魂的"死亡"是一个循环的阶段，它在其中变为水，水变土，土变水，水又变回灵魂（残篇，36）。永生不死的灵魂历经身体的死亡和诞生之循环，这个通道是神秘崇拜所奉行的教义。赫拉克利特的"哲学"可以描述为神秘教义的系统化形式。他的一些阐述表达了对立的统一（例如本章前面所引），它们与奥尔比亚发现的公元前5世纪的三块骨板上的铭文具有引人注目的相似性，后者显然是新入会于神秘崇拜的信物（参见第五章）。其中一块骨板上有"死生死""真实"和"俄耳甫斯"等字样，另一块在"真实错误"之上有"和平战争"等字样，而第三块有**灵魂**（*psūchē*）一词。这三块板都题名为"狄奥（尼索斯）"（Dio［nisos］）。

鉴于荷马的有知觉力的灵魂属于另一个世界，而神秘入会仪式是过渡到另一个世界的预演，我认为，神秘崇拜是一个重要的语境，让有知觉力的灵魂在活着的人那里的意识发展起来。在普鲁塔克的某个段落中，比较了死亡那一刻的灵魂与神秘入会仪式的体验（第五章）。因为神秘入会仪式是对死亡的预演，它让人体验到我们身体之中的某一部分在死亡之后依然存在，那就是灵魂。再者，神秘入会者可能经受的附体状态反映了——无论是否有"灵魂失落（soul-loss）"——内在个人从身体分离。在大约公元前400年的一块墓葬金箔上，把另一个世界里的入会者描绘成 *mustai*（**入会者**）、*bakchoi*（**巴克斯信徒**）和 *psuchai*（**灵魂**）。在公元前4世纪中叶的另一块金箔上，灵魂"离开了太阳的光"，然后似乎"变成了神"。

我们已经看到，神秘仪式和狄奥尼索斯的疯狂所引起的解放，如何来自灵魂的焦虑或颤动。正是灵魂，成了神秘的净化和解放的主题。对柏拉图来说，灵魂的痛苦颤动（在死亡之际）是由它对身体的依附而引起的（《斐多篇》，108ab），而按照神秘教义，灵魂在身体中是被囚禁着的（《克拉底鲁篇》，400c；《斐多篇》，62b）。死亡和由哲学而得以净化都包含灵魂从身体的解放；而在神秘崇拜中吟诵的诗篇说明，狄奥尼索斯式的入会者在数量上相对较少，这被柏拉图用来作为一种对于真正的哲学家的神秘参照（《斐多篇》，67cd，69cd）。柏拉图会把他的从完全身体性的特征抽象出来的哲学性的灵魂观念，与生气蓬勃的具有肉身性的狄奥尼索斯结合起来，这是多么的悖谬！这种悖论之所以成为可能，是因为神秘入会者的净化包含着某种东西，类似于发生在死亡和（像死亡那样的）附体状态的灵魂与身体的分离。欧里庇得斯笔下跳舞的女祭司歌颂神秘入会仪式，说它"让灵魂加入狂欢队……伴随着神圣的净化"（《酒神伴侣》，75—77）。附体的仪式化可以把个人融入群体之中，尤其是借助于音乐。

现在我们可以回到肢解的主题。狄奥尼索斯的肢解，作为入会者命运的投射，不仅应用于身体，也——作为一个寓言——运用于灵魂。从焦虑到快乐的转变被设想为从精神的破碎到精神的整体性的转变。

关于这种寓言化的最早迹象，我想，是在柏拉图（《法律篇》，672b）对这个故事的讲述之中：狄奥尼索斯被赫拉弄疯了，然后按照另一个文本（"阿波罗多罗斯"《书目》[*Bibliotheca*]，3.5.1），他又被瑞亚（Rhea）净化，他从她那里学到了神秘仪式。如此，赫拉也煽动了对狄奥尼索斯的肢解。关于她所施加于狄奥尼索斯的疯狂，柏拉图实际上用了精致的委婉说法："他的灵魂的知性被撕开了（diephorēthē tēs psūchēs tēn gnōmēn）。"这里所用的动词是罕见的，通常具有物理性的含义：例如在《酒神伴侣》中它用到了三次，用于疯狂者撕开动物（739，746）和彭透斯（1210）。因此我推断，柏拉图的委婉说法反映了对肢解神话的一种神秘解释（他在701c提到了巨人泰坦），认为它意味着灵魂的肢解，也就是疯狂。同样，《酒神伴侣》969—970在一个充满神秘暗示的段落中，把物理的和心理的分裂联系起来，用于把彭透斯的精神软弱描述为truphē，这个词来源于thruptein，表示破裂为碎片。

公元5世纪，新柏拉图主义哲学家普罗克洛斯（Proclus）认为，柏拉图遵循俄耳甫斯神话，解释神秘教义。在这种解释中，按照普罗克洛斯的说法，狄奥尼索斯的肢解意味着身体和灵魂被分割成了很多个身体和灵魂；但是狄奥尼索斯的心脏没有分开，雅典娜从它那里重组了他的身体，它是广大无边的心智或知性（**努斯**[*nous*]）。在新柏拉图主义哲学中，努斯是不可分割的，它从一个知性活动中领悟所有可以理解的东西，它与灵魂融为一体但又高于灵魂。

这种对神话的解释是形而上学的。它说明了一个悖论，那就是可以理解的东西是由独立的个体所分享的统一体。在狄奥尼索斯入会仪式中，个人"把他／她的灵魂与狂欢队融为一体"

(《酒神伴侣》，72—76)，正如与之相反，狄奥尼索斯的去世会使狂欢队的每一个成员陷于"孤立的凄凉"(《酒神伴侣》609)。狄奥尼索斯可以把个人的灵魂在狂欢队中统一起来，他可以表示超越性的心理统一。正如在俄耳甫斯神话中，当他被肢解时，他是诸神之王，因此他可以表示**广大无边**(*cosmic*)的(努斯的)统一。柏拉图式的哲学家没有把他们的灵魂融合于狄奥尼索斯狂欢队：他们所寻求的统一不是在迷狂的群体意识之中，而是理性的或知性的超个人的统一，那是抽象而普遍的。

由于在新柏拉图主义哲学中，智者旨在上升到超越性的知性的统一，肢解神话也要求一种伦理学的维度。在我们所看到的柏拉图《法律篇》的段落中隐含着的，在狄奥尼索斯的生理性的肢解和他的灵魂的涣散(疯狂)之间的类比，说明他重新组合的身体的复活被设想为涣散的灵魂回归于整体性。关于破碎和(潜在地复原的)统一的叙述不仅发生在宇宙中，也发生在个体的灵魂内部。例如，普罗克洛斯坚持认为，我们的努斯是狄奥尼索斯式的，而违反努斯，分裂它的不可分割的本性，就如同巨人泰坦所为(《柏拉图〈克拉底鲁篇〉注释》，44d)。按照新柏拉图主义哲学家杨布里科斯(Iamblichus)的观点，那是一条毕达哥拉斯学派(Pythagorean)的格言："人绝不可在自身之中把神分开。"(*VP* 85，240)

公元5世纪的诗人诺努斯（Nonnus）写道，狄奥尼索斯被巨人泰坦杀死的时候，他正在看着一面镜子中自己的形象（6.172—173）。神话里的这面镜子来自神秘仪式中使用的镜子（第五章）。如同肢解一样，镜子也用来表达哲学观念。这种奇异的运用之所以成为可能，是因为不管仪式中镜子的确切用途是什么，它有可能包含这样一种观念，那就是镜子给入会者的另一种神秘的认同提供了通道。在苏黎世（Zurich）的一个钟状调酒器上画着一个年轻人（即将被一个拿着剑的女祭司刺杀）正在看着他自己的镜像，然而那是一个女祭司的形象（也就是说是女性）。在欧里庇得斯那里，一个面临厄运的新娘笑话镜子中"她的身体毫无生气的形象"（《美狄亚》，1162）。在许多文化中都可以发现镜像与死亡或灵魂之间的联系。阿波罗多罗斯·格勒麦蒂克斯（Grammaticus）坚持认为，灵魂"就像镜子中显现的形象"（斯托比亚斯[Stobaeus]，《作品集》[*Florilegium*]，1.49）。公元6世纪，新柏拉图主义者奥林匹奥德鲁斯（Olympiodorus）写道："当狄奥尼索斯把他的形象投入镜子，他跟随它，并以这种方式分散到无处不在。"肢解的神话不仅可以表示头脑中统一和多元之间的关系，也可以表示我们的头脑未能意识到统一性。它的功能可能就像一个关于原罪的神话。早在公元3世纪，普罗提诺（Plotinus）就已经注意到镜子"捕捉一个形象"的力量。而在几行文字之后，他写道："就像狄奥尼索斯在一面镜子中（看到他自己），人们的灵魂一旦看到它们的形象，就跃入其中（也就是说，在形象中），但是并未切断它们自己的原则和知性（**努斯**）。"（《九章集》，4.3.12）

普罗提诺在这里想到的不仅是看着镜子的狄奥尼索斯，而且，更确切地说是他——由于看到镜子中的自己的形象——被诱引，以至于被巨人泰坦肢解的整个故事，意味着灵魂的失落和破碎成为物质性的现实。在普鲁提诺的其他地方，以及在柏拉图那里，较次一等的现实的观念表达为（非实体性的）映像。普罗提诺也提到了水仙花（Narcissus）的神话——用来表达对于视觉世界之美的误入歧途的追求，那事实上只是内在美的一个映像（1.6.8；5.8.2）。然而映像并非一无是处。灵魂并未与它们先前的状态"割开"。我们可以回到我们最初的心理统一的状态。"向往与自我同在，脱离身体而聚合自我的愿望"被普鲁提诺描述成一种"酒神式的疯狂"（1.6.5）。柏拉图曾经提到"分享哲学的疯狂和 *bakcheia*"：哲学被想象成狄奥尼索斯狂欢队的疯狂（《评论集》[*Symp*]，218b3）。

基于这种解释，灵魂与狄奥尼索斯有关（并与他对自己映像的致命的爱慕有关）。但是我们已经看到，它可能像巨人泰坦冒犯努斯那样活动。人类的灵魂与神话中的巨人泰坦混乱无序的暴力之间的关联，与那种古老的、流传广泛的观念相一致，就是人类以这样或那样的方式来源于巨人泰坦。而巨人泰坦为他们的侵越所遭受的神奇的惩罚，给寓言式的解释提供了一个说明——关于人类的灵魂为何有着与生俱来的苦难。在后来一个版本的俄耳甫斯神话中，人类起源于巨人泰坦因他们对狄奥尼索斯的罪行而被宙斯的霹雳炸成烟雾而留下的烟尘。普鲁塔克把这种伴随着巨人泰坦身份特征的罪行，与（作为惩罚）囚禁于我们自身之中的那种非理性的、暴力的和混乱无序的东西联系起来（《道德论集》，996bc）。

我们可能由于巨人泰坦杀害狄奥尼索斯而受到惩罚，这个观念可能至少早在公元前5世纪就开始流行（尽管是秘密）。我们——或我们的**灵魂**（*psūchai*）——由于一种不知名的罪过而被囚禁在身体之中，这种观念被柏拉图归属于"围绕俄耳甫斯的神话"，以及神秘崇拜（《克拉底鲁篇》，400c；《斐多篇》，62b）。关于《斐多篇》的段落，公元前4世纪的柏拉图的学生色诺克拉底（Xenocrates残篇，20）评论说，是巨人泰坦被囚禁在人类身体之中，并且似乎为他们杀害狄奥尼索斯增添了一个参考资料（但是这也有可能是后来介绍他的作者添加的）。巨人泰坦肢解狄奥尼索斯不是他们唯一的罪过（他们也反抗诸神），但是这也许是柏拉图所提到的不知名的罪过。他也报告说(《美诺篇》,81ab),某些"祭司和女祭司"认为永生不死的灵魂历经一个"死亡"和诞生的循环,并援引品达的一段话说明,普西芬尼(作为地下世界女王)从某些人那里为古老的悲伤接受补偿(或者结合于古老的悲伤),他们会让她把他们的**灵魂**(*psūchai*)交还给太阳,并将从此被称为纯粹的英雄。有人认为这种"古老的悲伤"是普西芬尼为巨人泰坦肢解了她儿子狄奥尼索斯而悲伤,为此巨人泰坦付出了补偿,被囚禁在人类之中。这种观点与一片金箔(第五章)的记载一致,后者这样说:"告诉普西芬尼,巴克乔自己解放你。"其他有可能暗指这个神话的是希罗多德(2.42,61,132,170)和伊索克拉底(Isocrates,11.39)。

关于这个神话的这些各不相同的解释,都与神秘崇拜或哲学中的灵魂有关吗?柏拉图明确引述了神秘教义。但是说到他的新柏拉图主义后继者,答案就没这么简单。也许,这些解释以某种方式包含于神秘崇拜,至少其教义受到哲学的影响。这个神话曾经传达了狄奥尼索斯入会者的想象的命运,它可能很容易——由神秘教义雄心勃勃的视角特征——被理解为解释了人类的苦难,把它当作狄奥尼索斯被人类由之而来的巨人泰坦肢解的惩罚。因为神秘仪式是对死亡的恐惧和随后在另一个世界的福祉的预演，它也成为逃避我们在这个世界的苦难的一个途径，因而成为从（巨人泰坦犯下的）神话中的罪过——我们正在遭受的苦难是对这种罪过的惩罚——得到最终赦免的一个途径。

结论就是：在传统的神秘的神话中，狄奥尼索斯的肢解首先表达了入会者想象中的身体体验，其次是他的心理体验，然后是灵魂在物质世界中破碎的状态，此外还有一种（巨人泰坦犯下的）类似于我们的"原罪"的过错。这些观念流传得多么广泛？这无从知晓。在罗马帝国时期，带有狄奥尼索斯内容的坟墓碑文并非罕见，而它们没有一个陈述或暗示灵魂已从身体脱离，去往一个更好的地方。这说明这种观念可能在很大程度上限于哲学精英，或者——如果更为广泛传播——被认为是神秘教义，并未公诸大众。

小结

在这一章里，狄奥尼索斯大大扩展了他的联系范围。从一个物理性地呈现于酒、仪式、戏剧和另一个世界的神，现在他通过灵魂在神秘崇拜中的体验，获得了与人类灵魂的命运之间的一种象征性的联系。这在某种程度上是古代思想的保守主义和相互关联的一个表征。我们倾向于分离开来的东西,古代思想——无论是神话的还是哲学的——倾向于把它视为一个整体。结果就是出现了一个神,他具有所有人的某种东西,足以有能力在古代的多神论终止之后继续存在。

九、基督教

引子

从我们的视角可以看到,基督教似乎是一场突然的革命,某种全新的东西不可遏制地爆发在这个世界。当然,实际上基督教很大程度上来源于犹太教和古希腊宗教信仰。它经过长期的、经常是强烈的冲突而建立起来,在此过程中受到了与之竞争的宗教信念和实践的对抗。这些竞争对手之一就是狄奥尼索斯崇拜。正如我们已经看到的那样,狄奥尼索斯流传广泛的声望遍及从农民的简单实践到知识阶层的抽象思索,他能把必有一死的人从死亡的恐惧中拯救出来。因此他是耶稣的一个重要的竞争对手,他在某些方面与后者有相似之处。

狄奥尼索斯与犹太人

对于大希腊化时期的西亚（塞琉西王朝［the Seleucids］）和埃及（托勒密王朝［the Ptolemies］）的君主国来说，我们知道，没有哪位神比狄奥尼索斯更为重要。容身于这两个王国之间，时常成为两者之战利品的，是巴勒斯坦的肥沃土地，（某些）犹太人的家园。

狄奥尼索斯与巴勒斯坦的犹太人之间的关系似乎呈现为各种各样的形式。首先，很可能有来自希腊化君主对犹太人的直接的压力——要求他们奉行狄奥尼索斯崇拜。有很多证据来自名为《玛喀比》（*Maccabees*）的书中（沿用了公元前168/167年传统主义犹太人反抗塞琉西王朝统治下的希腊化的领袖的名字）。例如，它宣称——也许带有夸大——在塞琉西国王安提阿古（Antiochus）四世统治下，犹太人被迫戴上常春藤花冠，列队游行，向狄奥尼索斯表示敬意（《玛喀比二书》，6.7）。

狄奥尼索斯被设想为一个经常活动的神，一个长途跋涉的旅行者——尤其是在他对偏远的东方土地的征服（就像亚历山大大帝）之中。正如我们所期望的那样，有证据表明巴勒斯坦的古希腊城市认可了狄奥尼索斯。这是我们的第二种类别的证据。例如,据说他建立了赛多波利(Scythopolis,在希伯来文中叫作伯珊[Beth-Shean],在拿撒勒[Nazareth]东南约18英里),在那里有证据——主要是从公元2世纪起——出土,表明有对他的崇拜。公元1世纪的老普林尼(Pliny the elder)提到,这个城市曾经叫作尼萨(Nysa),在神话传说中,这是狄奥尼索斯被仙女抚养长大的地方。巴勒斯坦的一些其他地方,制作了带有狄奥尼索斯主题的铸币和艺术作品,但是几乎所有现存的这些东西都是在公元1世纪之后。

这第二种类别的证据限于古希腊城市,除了犹太人之外,还包含大量完全属于古希腊文化的居民。我们的第三种类别的证据是犹太人对象征符号的使用,它们表明了与狄奥尼索斯崇拜融合的可能性(至少在非犹太作者的眼中看来是这样的)。大英博物馆收藏的早在公元前4世纪的著名(犹太人的)犹大铸币(Yehud coin)展现了一个西勒诺斯面具,伴随一个坐像,可能是耶和华(Yahweh)。葡萄藤在巴勒斯坦数量丰富,也经常表现在犹太人的浮雕中。各种各样的犹太人铸币表现了葡萄串、葡萄叶、酒杯,以及诸如此类的东西。在公元前164年圣殿的重建中,我们听说(《玛喀比二书》,10.7)犹太人带上了**酒神杖**(*thyrsoi*);而在朱迪斯书里(15.12),在另一个相关的庆典上,也有犹太妇女跳舞。在希律(Herod)的宫殿入口,有一根巨大的金色葡萄藤。

普鲁塔克用了若干（有意别出心裁的）段落来记述犹太人崇拜的狄奥尼索斯性质（《道德论集》，671c—672c）。塔西佗写到了犹太人崇拜的各种特征——吹笛打鼓演奏的音乐，常春藤花冠，宫殿的金色葡萄藤——都会使人认为犹太人崇敬利伯尔·佩特（即狄奥尼索斯）这位东方的征服者（《编年史》，5.5）。

《新约》

在这样的背景下，我们转向《新约》。在第四福音书开头，耶稣在迦南的婚礼宴席上把水变成了酒（2.1—11），第四福音书就此评论说，耶稣如此表现，作为第一个"迹象"（奇迹），并显示他的荣耀。关于这段情节与狄奥尼索斯在诸多仪式和故事中奇迹般地造酒（第二章）——其中就包括把水变得像酒一样（普鲁塔克，《莱桑德传》[*Life of Lysander*]，28.4）——之间的联系，众说纷纭。一种观点否认二者有任何联系。另一种观点认为这个情节（虽然是间接的）来源于狄奥尼索斯的故事。第三种观点（介于另外两者之间）把这个情节视为某种意义上的回应——至少是为希腊化群体中的某些人，福音书就是为他们写的——针对狄奥尼索斯的崇拜所表现的含蓄的挑战，这个挑战也可能令人信服地隐含于耶稣后来在第四福音书里作出的断言："我是真正的葡萄。"（15.1）狄奥尼索斯也被人认同于葡萄。

第三种观点得到一个神话的支持，它记载在阿喀琉斯·塔提乌斯（Achilles Tatius）的古希腊传奇《留基波与克里托丰的故事》（*The Story of Leucippe and Cleitophon*，2.2.1—3）中，我们从中得到公元2世纪的一个纸草书文献残篇。里面记载，在葡萄酒发明之前，狄奥尼索斯拜访了一个提尔（Tyrian）的牧羊人，给他一杯葡萄酒。牧羊人喝了酒，问这位神："你从哪里得到这紫色的水？你在哪里发现了这甜蜜的血？"狄奥尼索斯回答说："这是丰收的水，这是葡萄的血。"从那一天起——这个故事总结说——提尔的人们开始庆祝狄奥尼索斯的节日。提尔在拿撒勒以北大约40英里。耶稣曾经到访西甸（Sidon，在阿喀琉斯·塔提乌斯的故事讲述的地方）和提尔境内，这两个城市的人们都出来听他讲道（《马太福音》，15.21—22；《马可福音》，3.8；7.24，31；《路加福音》，6.17）。

在《新约》里，另一些可能与狄奥尼索斯有某种关联的段落，来自保罗的书信和《使徒行传》。

保罗是来自塔索斯（Tarsus）的希腊化犹太人，按照保罗同时代的年长者斯特拉波（Strabo，14.5.13）的说法，塔索斯是古希腊一个教育繁盛的中心。保罗把基督教传播给古希腊人，并且以相当标准的古希腊语写作。塔索斯没有经过大量挖掘，但是可以确信含有狄奥尼索斯崇拜。来自塔索斯以西大约80英里的塞琉西亚（Seleucia ad Calycadnum）的一篇碑文证实了那里存在着狄奥尼索斯的神秘崇拜。

保罗的书信有时包含一连串名词和观念，表明了神秘崇拜的直接或间接的影响。例如这句："我们如今仿佛对着镜子观看，模糊不清，到那时就要面对面了。"（《哥林多前书》，13.12）用现代英语来说，这句希腊语说的是"通过谜语中的一面镜子"。这个形象与《旧约》（《民数计》，12.8）有渊源，但这并不足以说明它的含义。在神秘崇拜仪式中，从迷茫的焦虑阶段到快乐的领悟阶段的转变，可能受到第一个阶段中所使用的谜一样的语言和镜子的影响，这两者都提供了一个模糊的形象，将在随后得以揭示（古代的镜子比现代的镜子要模糊得多）。我曾经提到，镜子在庞贝古城的神秘庄园和（伴随着使用谜一般语言的）《酒神伴侣》这两者的狄奥尼索斯奇迹中的使用（第五章）。保罗在这里想象末世的转变，借用了神秘崇拜仪式中的从迷茫到领悟的转变（它本身体现一种死亡）。

保罗在他的书信中也宣讲了一种教义，关于耶稣基督"进入死亡"的洗礼,关于他的葬礼(经过洗礼),关于与他的复活有关的复活(《罗马书》,6.3—6;又如《罗马书》,8.11;《加拉太书》,2.20;33.26—27)。这种教义既不见于福音书,也不见于犹太教信仰。有人认为它受到神秘崇拜所采用的一种或多种形式的影响,不管它们的施行是为了像狄奥尼索斯或德墨忒耳这样的古希腊神灵,还是为了像伊西斯(Isis)或阿提斯(Attis)这样的起源于古希腊世界之外的神灵。

很多年来,大量学术研究投入到了这个有争议的议题,我不打算在这里进入这个争论。我只想说,尽管我们并不知道有神秘崇拜仪式准确地再现了像保罗的教义那样的结构,我们也确实在神秘崇拜仪式中发现了这样的观念,关于入会者的死亡和再生(例如阿普列乌斯,《变形记》,11.21),关于神灵的受难(例如雅典那哥拉[Athenagoras],《祈祷》[*Supplication*],32.1),关于入会者与神灵的认同,以及关于入会者借助于他们发现一位神灵——或神灵复活——而得到(过渡到)解脱(例如拉克坦提乌斯(Lactantius),《神圣制度》[*Divine Institution*],18.7; 弗米卡斯·马特努斯[Firmicus Maternus],《论世俗信仰之谬误》[*On the Error of Profane Religions*],2.9, 22.1—3)。

至于狄奥尼索斯,金箔(第五章)保留了神秘的惯用语:

"祝贺你承受了从未承受过的。你成了神,不再是人。"以及"现在你死了,现在你存在了,三倍的祝福,就在今天。告诉普西芬尼,巴克乔亲自解放了你"。狄奥尼索斯肢解又复活的不可思议的神话也许与神秘仪式中的入会者的类似转变有关(第五章、第八章)。《酒神伴侣》(576—641)最醒目地反映了从失望和恐惧到快乐的神秘转变,这转变由神的重现导致,他被等同于光。合唱队为彭透斯囚禁他们的"保护人"(我们知道是狄奥尼索斯)、新崇拜的传教士而感到失望,他们为他们的神狄奥尼索斯歌唱,后者引发了地震、雷鸣和闪电。彭透斯的房子坍塌在地,狄奥尼索斯从中显现,给合唱队带来欢乐,在此之前他们已经倒在地上,每个人都陷入了"孤独的凄凉"。然后,酒神描述了彭透斯未能把他束缚在房子里的奇怪行为。

这种行为的细节,以及合唱队的体验,重现于神秘入会仪式的记述,尤其是在普鲁塔克的一个残篇(178)中。他在其中比较了死亡的体验和神秘入会仪式的体验:在这两种过程中,都有令人筋疲力尽地四处奔跑,未完成的行程,经历黑暗、恐惧、颤抖、出汗,然后在黑暗中出现了光。它们也出现在《使徒行传》(16.25—29)中的一段描述里,关于从腓利比(Philippi)监狱的奇迹般的解放:新信仰的传教士保罗和西拉被囚禁在那里,他们在午夜的黑暗中对他们的神歌唱,然后突然发生了地震,接着（就像《酒神伴侣》，447—448）牢门打开，锁链从囚徒身上脱落。监狱看守抓起一把剑，又从保罗那里得到确证，见囚徒还在那里，就安下心来。他要求点起火把，冲到里面，颤抖着扑倒在保罗和西拉脚下，皈依于基督教。彭透斯也是这样，抓起一把剑，冲进黑暗之中，最终崩溃。而狄奥尼索斯始终保持镇静，向彭透斯确定他不会逃走。但是彭透斯以他的剑进击黑暗中的神所发出的光，表达了他顽固不化的抵抗，拒绝成为入会者/皈依者（与合唱队和腓利比的狱卒相反）。

《酒神伴侣》中的过程在几个方面类似于扫罗在去往大马士革的途中皈依的各种记述。① 在这里，新信仰的迫害者皈依了（就像腓利比的狱卒，但与彭透斯相反）。神圣的干预是突然发生的（《酒神伴侣》，576；《使徒行传》，9.3，16.26）。一群人听到了神的声音但看不见他（《酒神伴侣》，576—595；《使徒行传》，9.7）。对应于《酒神伴侣》中的闪电，是描述了闪电似的显现在扫罗面前的光（9.3,22.6）。狄奥尼索斯合唱队倒在地上，彭透斯崩溃，而扫罗也倒在地上（在26.14，伴随着他的那一群人也是如此）。让他们起身的指令，标志着转变，由狄奥尼索斯给予合唱队，由主给予扫罗。合唱队和彭透斯把狄奥尼索斯等同于光；扫罗则看到了主。有人推断，"扫

---

① 扫罗系使徒保罗原名，见《使徒行传》，13.9。——译注

罗的随从只是看到了一片不成形的炫目的光,而他自己在其中看到了耶稣的形象"(汉臣[Haenchen])。

这些相似之处数目众多,绝非巧合。我们应当如何解释?一种可能性是它们来自《酒神伴侣》之中的信息。《酒神伴侣》确实在这个阶段广为人知:例如,我们听说在公元1世纪在哥林多(Corinth)有人吟诵它(卢西安《无知的藏书者》[*The Ignorant Book Collector*],19),而《使徒行传》作者的文学知识也典型地表现在他所写的保罗在亚略巴古(Areopagus)山上的布道包含了希腊化诗人阿拉图斯(Aratus)的篇章(17.28)。再者,在关于扫罗皈依的一段描述中,主对他说:"你用脚踢刺是难的。"(26.14)这个表述在《新约》别的地方都没有出现,但是它出现于早期的古希腊文学,值得注意的是狄奥尼索斯对他的迫害者彭透斯说:"不要用脚踢刺棍,是凡人就别反抗天神。"(《酒神伴侣》,796)彭透斯和扫罗都受到神的劝告说不要抵抗,他们都曾经徒劳地迫害那位神的新崇拜。

这并不是说,古希腊对《使徒行传》这些段落的影响必定只是在文字上。鉴于神秘崇拜的延续性(第五章),看来很有可能,反映于《酒神伴侣》中的神秘仪式持续到了公元1世纪,而它影响所及的一些叙述可能已经亡佚。但是有些影响——也许伴随着《酒神伴侣》一起——保留在《使徒行传》所吸纳的叙述之中。

基督教之下的狄奥尼索斯

与耶稣一样，狄奥尼索斯是世界的神圣统治者和一位凡人母亲所生的儿子，以人的形式出现在必有一死的凡人之中，被杀死之后又复活。早期的基督教作者意识到基督教和神秘崇拜之间的这种相似性，宣称后者是对前者的一种恶劣模仿。最早作出这种宣称的是殉道者游斯丁（Justin Martyr，约公元100—165年），他特别提到狄奥尼索斯被说成是神的儿子，酒被用于他的神秘之中，以及他被肢解并上升到天堂（《护教书》[*Apologies*]，1.54）。

亚历山大城的克莱门特出生于公元2世纪中期，他皈依基督教，大力抨击异教徒的神秘崇拜。他在青年时期可能是神秘崇拜的入会者，但是后来对其致以含蓄的悼词，宣称真正的神迹是在基督教里。他援引《酒神伴侣》，向彭透斯呼吁，"扔掉你的头巾！扔掉你的鹿皮！保持清醒！我将让你看到言辞和言辞的奇迹……如果你愿意，你也可以入会，你将与天使共舞，围绕着非受生的（unbegotten）、不朽的、唯一真正的神"（《劝导书》，12）。

基督教著作提供的证据表明，狄奥尼索斯崇拜一直延续至基督教变成罗马帝国的官方宗教之后。按照苏祖门诺（Suzomenos，《教会史》[*History of the Church*]，6.25）的说法，大约在公元 340 年，老底嘉城（Laodicea）的两个基督教神职人员受到了惩罚，因为他们参加了某种只对入会者开放的狄奥尼索斯的吟诵会。奥古斯丁（公元 354—430 年）在他的一封书信（17.4）批评了公众以狄奥尼索斯的名义狂欢作乐，并且有重要人物参与其中。在托斯卡纳（Tuscany）的科萨（Cosa）发掘出来的一座建筑，从公元 4 世纪的某个时候开始，直至 5 世纪，尽管有狄奥多修斯（Theodosius）皇帝在公元 391 年发布的异教信仰非法令，还是被一个酒神组织用作宴饮之处。晚至公元 691 年，君士坦丁堡（Constantinople）的教会理事会禁止异装癖、戴面具（喜剧的、萨提尔剧的或悲剧的），以及那些压榨葡萄或把酒倒入坛子的人呼喊"遭人厌恶的狄奥尼索斯"的名字。

教会神父所描绘的图景，由持续流行至古代晚期的狄奥尼索斯崇拜和神话的视觉表现而得以确证，例如在不可胜数的石棺上。晚至公元 6 世纪，埃及还在生产装饰着狄奥尼索斯神话的纺织品，而在一个世纪之前，那里的诺努斯（Nonnus）创作了（在诗体版的第四福音书之外）狄奥尼索斯文学作品的最后之花，即《狄奥尼西卡》（*Dionysiaka*），以 48 卷的长诗叙述了这位神。狄奥尼索斯视觉艺术的丰富传统影响了早期基督教艺术，尤其是在对葡萄的表现中，狄奥尼索斯和耶稣都被等同于它。在地下墓穴里，葡萄代表现存最早的基督教艺术，而公元 4 世纪的一个优美的例证，来自基督教的马赛克作品，表现了葡萄藤的卷须和采摘葡萄酿酒的场景，那是在罗马后来被称为圣康斯坦察教堂的康斯坦莎（康斯坦丁皇帝的女儿）陵墓的穹顶。

葡萄酒被想象为狄奥尼索斯的血（第五章），也被想象为耶稣的血。我们在第五章和第八章里看到，把杀害神与压碎葡萄（做酒）联系起来，这是对狄奥尼索斯肢解和复活的神秘传说的寓言式解释。而这种联系以基督教的形式出现在克莱门特对耶稣"伟大的葡萄串，为我们而挤压出来的言辞"的形容中（《教学录》[*Paedagogus*]，II19.3）；同样也出现在罗曼努斯（Romanos）的第二部《圣诞颂》（*Hymn on the Nativity*，公元 6 世纪）中，其中，玛丽回应她儿子将被钉死在十字架上的预言说："哦，我的葡萄（botrus），但愿他们不要把你挤压出来。"耶稣回答说，他的复活将为大地带来新的生命，让它万象更新。在同一时期，来自安提阿（Antioch）的一只圣餐杯展示了葡萄藤环绕之中的耶稣和其他人物的形象。在可能晚至公元 12 世纪的一首拜占庭（Byzantine）集锦诗（来自其他篇章的诗句集成的诗歌）《基督受难》（*Christus Patiens*）中，玛丽对基督的哀悼以《酒神伴侣》中（已经亡佚的）阿高厄哀悼狄奥尼索斯的部分篇章构成。

有人认为，某些古代关于耶稣年轻、无须、长发、柔弱的表现受到了狄奥尼索斯的类似表现的影响。但是，看来与基督教观念重合的狄奥尼索斯神话之视觉表现最引人注目的例子是1983年在塞浦路斯（Cyprus）的"永恒纪元宫（House of Aion）"发现的一个（系列中的）马赛克场景。所有人物形象都标有名字。坐着的神赫耳墨斯正要把婴孩狄奥尼索斯交给年迈的师爷"特洛费厄斯（Tropheus）"（"养育者"或"教育者"），在画面的左侧，仙女在准备他的第一次洗浴。赫耳墨斯的同伴们的名字——"安布罗西亚（Ambrosia）""内克塔尔（Nektar）"（永生不死者的饮食的人格化）和"塞俄格尼亚（Theogonia）"（诸神的诞生）——强调了婴孩的神性，他是全部注意力的庄重的焦点。往前去的特洛费厄斯弯着腰的形体，以及赫耳墨斯手持其斗篷形成的帐幔，类似于同时代的来自帝国宫廷仪式的形象。这让我们想起俄耳甫斯传统中，宙斯把他的儿子狄奥尼索斯放在高贵的王位上，让他成为诸神之王。尽管这个马赛克镶嵌画看来类似于基督教的耶稣降生图，但是实际上并没有充实的证据可以证明有明确的来自或给予基督教的影响。然而，其相关性可能在于这个马赛克的年代是在4世纪中期，那个时候，古代的多神论正在重组，来回应对于基督教的普世救主那种占主导地位的诉求。

一般来说，在古代地中海地区的神灵之间的相似性是造成古代似乎无所不在的宗教融合的过程的一个因素——各个神灵（及其崇拜）彼此之间的关联、吸收或认同。其他因素则是交往和征服。早在公元前5世纪，狄奥尼索斯就被希罗多德（2.144）等同于古埃及的奥西里斯（Osiris）；在《酒神伴侣》（79）中，他被联系于安纳托利亚（Anatolian）的女神库柏勒（Kybele）的纵欲狂欢的崇拜。亚历山大大帝的征服大大扩展了古希腊与东方神灵融合的范围，这个发展过程在基督教上升时期也未曾减退。在导致狄奥尼索斯及其热情洋溢的崇拜以其容易接受影响的特性进入宗教融合的各种因素中，主要就是它们想象中的异域起源（例如《酒神伴侣》，1—20）以及葡萄的普遍性。狄奥尼索斯变得紧密联系或等同于（包含在诸神之中的）塞拉皮斯（Serapis）、迪萨雷斯（Dysares）、萨巴齐奥思（Sabazios）、密特拉（Mithras）和赫卡特（Hekate），以及——在意大利——古罗马的利伯尔和伊特拉斯坎的弗弗鲁斯（the Etruscan Fufluns）。在后期的异教徒试图通过把多神论系统化来抵抗基督教的过程中,狄奥尼索斯被联系于——甚至(连同其他神灵)等同于太阳神。

另一方面,基督教在总体上捍卫自身,拒绝这种宗教融合,尽管在一定程度上它把其他宗教信仰的因素吸收进它自身。在神秘崇拜和基督教之间的任何相似性或相互影响——在仪式或信仰的象征性的结构中——不应该使得我们无视它们的伦理和组织中的深刻差异。不像狄奥尼索斯(或密特拉等,通常是无名的)入会仪式那样,早期"基督徒"被组织在有条有理的、

图6:塞浦路斯"永恒纪元宫"的马赛克镶嵌画。来源:R.谢里丹/古代艺术与建筑收藏有限公司(Mosaic from the "House of Aion" in Paphos .Source: R. Sheridan/Ancient Art & Architecture Collection Ltd)

自我复制的共同体中。教会的特殊身份认同因此被保留了下来，而这是使得基督教最终完胜异教徒神秘崇拜的一个因素。

小结

亚历山大大帝对亚洲的征服传播了希腊文化，其中包括狄奥尼索斯崇拜，遍及不可计数的顺服的人们。这些人之中就有犹太人，他们的民族认同感使得他们拼命反对狄奥尼索斯，尤其因为他在种植葡萄的土地上的诱惑性。基督教作为希腊化世界中的犹太教的分支，在适应那个世界的同时，又保持着自身的组织结构上的特殊性，最终获得胜利。在此过程中，它只能对抗狄奥尼索斯（以及其他崇拜）与之竞争的吸引力，而没能完全免除它的影响。

狄奥尼索斯效应

Dionysos
Afterwards

十、古代之后

引子

对于古希腊人而言，诸神是一个基本的体系，用于组织体验（信仰）和掌握世界（崇拜）。从欧洲文艺复兴起，在某些阶段，古希腊诸神在一定程度上得以复兴，尽管并未在整体上激发出产生崇拜的那种信仰，但也被一些知识分子当作最好的手段，来命名和表达基本层面上的体验。以这种方式复兴的神灵数量终究不多，其中最为显著的始终是狄奥尼索斯。在这一章里，我将聚焦于狄奥尼索斯各式各样的显现中的若干样式，主要选自他在复兴中的两个最引人注目的阶段：文艺复兴时期的意大利和 19 世纪的德国。

文艺复兴时期的意大利

在古代,狄奥尼索斯与他的爱人阿里阿德涅一起出现在各种情境中:在阿提卡瓶画中共乘马车,在色诺芬所描绘的会饮场面中(第七章),在庞贝的神秘庄园中(第五章),作为陵墓中描绘的婚礼上的新郎新娘,如此等等。1490年,罗伦佐·德·美第奇(Lorenzo de' Medici)写了这样一首歌,用于伴随佛罗伦萨嘉年华游行中的神话传播。它这样开头:

青春多美丽,	How beautiful is youth
转眼便消逝。	That ever flees away.
行乐当及时,	Whoever wants to be joyful, should be.
明朝不可期。	Of tomorrow there is no certainty.

酒神与仙侣,	Here are Bacchus and Ariadne
两情共悦慕。	Beautiful, and aflame for each other.
光阴飞驰去,	Because time flies and deceives us,
相伴长欢娱。	They are always happy in togetherness.

接下来是对宁芙、萨提尔和西勒诺斯的描写,继而在最后提到了迈达斯(Midas):"他所碰到的东西都变成了金子;如果它们并不能让他快乐,那么拥有财富又有何用?"作为这首歌里主要的否定音调,它有助于特别说明活在当下的原则,反对金钱所固有的延迟满足。如此加以特别说明的原则,我相信对于古代狄奥尼索斯而言是更为核心的,可能胜过罗伦佐自己的认识(第十一章)。无论如何,这是有重大意义的:对于罗伦佐来说,酒神(Bacchus)不只是声名狼藉的享乐主义者,而在中世纪却经常如此——例如,就在一个世纪之前,在约翰·高尔(John Gower)的《情人的忏悔》(*Confessio Amantis*)中。

"一个人必须活在今天,因为活在明天就是从未活过",这个原则在 1474 年的一封信里勉励罗伦托,这封信来自文艺复兴柏拉图主义的先驱者马西里欧·费奇诺(Marsilio Ficino,带着头脑中的智识的愉悦)。在罗伦佐写出他的歌两年之后,费奇诺完成了他翻译的"雅典最高法官狄奥尼修斯"(Dionysius the Areopagite)的《神秘神学》(*Mystical Theology*),他把后者称为"柏拉图主义基督徒"。在前言中,费奇诺写道:

古代的神学家和柏拉图主义者把酒神狄奥尼索斯的精神视为孤立的心灵的迷狂和恣肆,当它们——一部分通过与生俱

来的爱，一部分凭借神的激励——越出了知性的自然界限，它们奇迹般地转变成受人爱戴的神，就像陶醉于某种新鲜的琼浆玉液和无限的快乐，这么说吧，沉浸于一种酒神的**疯狂**（*debacchantur*）。

费奇诺继续考察这种狄奥尼索斯式的精神，恰如其分地将其命名为狄奥尼修斯，并且强调，为了理解他的深刻含义，我们也需要依赖于"神圣的暴怒"。

在他的关于爱的书中（1484），费奇诺宣称，有四种神圣的疯狂，在灵魂的上升中相继履行四种功能，其中，狄奥尼索斯的那一种（第二个阶段）——通过仪式——把灵魂的多样性简化为只是知性。这四种神圣的疯狂的福祉取材于柏拉图的《斐德罗篇》，而那里也有来自普罗提诺的相关片段的影响，其中"离开身体，凝聚自己"被描述为一种狄奥尼索斯式的疯狂（第八章）。但是，我所引用的他在1492年的前言的段落里，费奇诺对狄奥尼索斯式的疯狂的理解有所不同：它是一种心理状态，超越于单纯的知性，找到迷狂的通道，进入深刻的含义，进入神圣的境地。这里有来自普罗提诺的一种教义的影响，在这种教义中，

　　知性具有一种思想的力量，它由此看到事物本身，而另一

种力量，凭借某种直觉，看到高于事物本身的东西……这（后者）是一种爱的知性，当它陶醉入迷，出离于心灵；然后它陷入了爱，简化为充实的欢乐；对它来说，如此陶醉，胜于保持清醒。

(《九章集》，6.7.35)

在他发表于1496年，但是写于早些时候的，对柏拉图的《斐德罗篇》的未完成的注疏（第十章）中，费奇诺表示，狄奥尼索斯"使得心灵似乎越过它们的界限，可以说是在观看中，也是在爱中"，并且"掌管着此生和再世"。费奇诺的狄奥尼索斯认同于（隐约感受到的）迷狂，它是一种更高层次的理解，超过单纯的知性所能达到的程度。

在费奇诺从事这些研究期间，一个15岁的男孩被罗伦佐·美第奇接到了他的家庭之中。这个男孩就是米开朗琪罗（Michelangelo，1475—1564）。他在才华出众的美第奇朋友圈中受到了各种各样的影响，包括——直接和间接来自费奇诺——对于柏拉图主义的一种持久的兴趣。1496年，米开朗琪罗离开佛罗伦萨，到了罗马。在这里，他的第一个雕塑是巴克斯，一个古典风格的开创性杰作，如今在佛罗伦萨的巴杰罗（Bargello）美术馆。这位酒神在醉后不稳定的平衡中站立着，手里拿着一杯酒。

但这不只是一个粗野的醉酒者的形象。首先，他具有作为神的超凡魅力。其次,在他的左腿边,他的左手拿着一张动物(似乎是一头金钱豹)的皮,包裹着一捆葡萄;一个笑眯眯的、小小的萨提尔正在摘了往嘴里塞。剥了皮的动物的脑袋耷拉在萨提尔的山羊脚之间。这张动物皮有什么含义?女祭司被想象为撕开动物。在后来的一首诗中,米开朗琪罗想象了他"多毛的皮肤"的脱落——为了遮盖他爱人活着的身体——作为通过死亡而认同的变形。剥皮可以用来表达将外在的人从精神上痛苦地消除,就像但丁(Dante)在《天堂篇》(*Paradiso*,1.19—21)里对阿波罗的著名的祈祷:"进入我的胸膛,注入你的精神,就像你把马西亚斯(Marsyas)的肢体抽出他的外鞘。"费奇诺区分了两种醉酒:一种是粗野的,但是另一种可以使心灵出离在外,高于自身,忘却尘世的痛苦,进入**神圣的领域**(*Opera Omnia*,1399)。无论这些思考与其他诸如此类的思考之间有着什么样的关联,醉酒的神从所拿着剥下来的动物皮中拿葡萄吃,这个动作体现了在永生不死者的感官快乐和动物死亡的痛苦之间,一种异乎寻常的对立。正是这种对立,以另一种形式,亦可见于——不管米开朗琪罗是否知晓——酒神的古老的神秘崇拜。

在罗伦佐的歌、费奇诺的神学,以及米开朗琪罗的雕塑之后,我从意大利文艺复兴时期选取的最后一项是一幅画。1523年,提香（Titian）给了阿方索·艾斯特（Alfonso d'Este）在费拉拉（Ferrara）城堡中的工作室一幅画，即《巴克斯与阿里阿德涅》（*Bacchus and Ariadne*，图7），现在在伦敦的国家美术馆（National Gallery）。这是阿方索用来装点其工作室的各种各样在主题上相互关联的绘画作品之一。它的主题是巴克斯在那索斯（Naxos）岛上对阿里阿德涅的显现，在她被忒修斯抛弃之后。巴克斯从他的车上跳起，惊到了阿里阿德涅，她背对着

图7:《巴克斯与阿里阿德涅》, 提香。承蒙英国国家美术馆提供版权（*Bacchus and Ariadne*, Titian. Source: Courtesy of the National Gallery）

观赏者站立着。他身边伴随着他的随从们,而他的车似乎由两只猎豹拉着。

这幅画主要的文学来源是奥维德的《爱经》(*Ars Amatoria*, 1.525—564),其中阿里阿德涅赤脚徘徊在海滨,穿着不束腰的短袍,披散着黄色的头发。她悲叹忒修斯的离去。然后,狂欢队敲锣打鼓而来。他们是女祭司、萨提尔和骑着驴的西勒诺斯,巴克斯自己则驾着老虎拉的车:"她(阿里阿德涅)几次三番想要逃走,却又几次三番被恐惧拉回。"酒神许诺了她的婚姻,而且她将成为科罗娜(Corona,王冠)星座。然后,"以免她害怕老虎,他从车上跳下来"。

几乎所有这些细节都可以在这幅画里找到。阿里阿德涅的姿态在我看来最好解释为她试图逃离但未遂,而不是(像有人认为的那样)另一个版本中的细节,说狄奥尼索斯来到阿里阿德涅那里,是当她在沙滩上悲伤地走着的时候,"在后面跟随着她"(奥维德,《岁时记》[*Fasti*],3.508)。这并不是说,这幅画只有一个文学来源,因为它也反映了卡图卢斯(Catullus,64.257—265)所描述的巴克斯(在他寻找阿里阿德涅时)的一些随从,"扔掷分解了的公牛的肢体",而另一些随从则"让扭动的巨蛇缠绕着自己"。但是在卡图卢斯那里和奥维德的其他地方,我们都没有看到来自异国的猎豹拉车。至于巴克斯所承诺的将她转变为科罗娜,在画面上,那个永恒的星座已经在那里了,在左上角排列着八颗星星。画面体现了通过突然显现的神圣的爱,从绝望孤独到永恒不朽的转变,因此它的主题之严肃性可以较之于古代墓穴上雕刻的狄奥尼索斯对阿里阿德涅的显现,伴随着它对永恒不朽的神秘暗示。

19 世纪的德国

现在我们跨越三个世纪,来到德国。这里我将主要聚焦于两位人物,诗人弗里德里希·荷尔德林(Friedrich Holderlin,1770—1843)和古典学者、哲学家弗里德里希·尼采(Friedrich Nietzsche,1844—1900)。

荷尔德林有时候会让人产生狄奥尼索斯式的想象,即使并未提到狄奥尼索斯本人。例如,当他在小说《许佩里翁》里(*Hyperion*)写道,"解放的时刻,那时神突然打开监狱……那时让我们就像解除锁链的精神……回到太阳的殿堂"。但是,我将集中于 1797 年到 1800 年荷尔德林的诗歌创作中直接明确提到狄奥尼索斯的地方。一首关于诗歌的诗(《一位粗鲁的诗人》["An unser grosse Dichter"])如此开头:

> 欢乐之神凯旋的号角，吹响在
>
> 恒河之滨，年轻的酒神战无不胜，
>
> 从印度归来，让沉睡的人们
>
> 从梦中起来，举起神圣的酒杯。

在这里，关于狄奥尼索斯从印度凯旋（第三章）的古老想象为荷尔德林表达了它在古典时代从未表达过的东西：诗歌影响普遍的社会转型的力量。

在另一首诗里，诗歌的灵感由塞墨勒的神话所表达，她想要见到宙斯本尊，因而被他的雷电击中，生下了狄奥尼索斯。"由此正是大地之子，无所畏惧地饮用天堂之火"，而诗人们应该"抓住天父之光，把天堂的赠礼包裹在歌里给予人们"。

在题为《面包与酒》（*Brot und Wein*）的诗里，荷尔德林关注诸神从我们这个世界的退隐。在缺席而又在某种意义上存在的诸神中，最为突出的是狄奥尼索斯。从基塞龙山（Mt. Kithairon）的松树和葡萄树之间，"来了那位神，他往回指向那里"，在那下面有底比斯的河流在咆哮。当他们退隐时，诸神在此留下了酒（"雷霆之神"的礼物）和面包，作为他们将会归来的记号。荷尔德林继续说，那就是为什么我们想念天上的诸神，他们曾经在此，还将回来。而这就是为什么歌手们赞美狄奥尼索斯,并且说他调和日夜,引导星星永远不变地起起落落,并且总是兴高采烈,就像他所喜爱的终年常绿的松树叶,就像常春藤花冠,它持久不变,并且把离开的诸神的踪迹带给那些忧郁的不信神者。同时,直到诸神归来之前,诗人就像"酒神的虔诚的祭司,在神圣的黑夜里,从一个国家游历到另一个国家"。

面包和酒意味着圣餐。在这首诗的结尾,狄奥尼索斯与基督相互等同,"但是与此同时"(也就是说,直到最终的显现),"作为持火炬者,至高无上者的儿子,那个叙利亚人,降临在幽暗之地。有福的明智的人看到它;被监禁的灵魂绽放微笑"。在背景中是我们在第九章里描述的狄奥尼索斯与基督之间的相似性;在前景中,则是"至高无上者的儿子,那个叙利亚人",意味着基督但也是狄奥尼索斯,因为狄奥尼索斯也来自亚洲——特别是在《酒神伴侣》中,他被描述为"举着松枝火把,就像叙利亚乳香的烟……"(144—146)。

最后,在一首题为《斯图加特》("Stuttgart")的挽歌中,荷尔德林写到了一场收葡萄酿酒的庆典:

这一天唯有祖国最为重要,每个人都把自己投入
节日里的献祭之火。

> 这就是为什么共同的神像风一般围绕我们，吹发如冠，
> 让酒消除我们视为珍宝的私心。

这里的"**共同的神**（*der gemeinsame Gott*）"是巴克斯。在别的地方，荷尔德林也称他"**共同精神**（*gemeingeist*）"。

理解青年荷尔德林诗歌里的狄奥尼索斯意象，要求我们既要意识到他对严厉的新教机构（他在其中接受教育）的反对，也要意识到他对法国大革命的民主理想的赞同。他在德国某地度过青年时期，那个地方当时属于法国革命军队越过莱茵河入侵的范围。荷尔德林所属的那个圈子中的几位革命者于1800年被乌腾堡（Wurttemberg）公爵关进监狱，不久之后，公爵迫于法国的军事胜利而释放了他们。在古典时代，狄奥尼索斯关联着突然的迷狂和公共性，而他从印度凯旋（第三章）的超凡魅力可以视为反映了古希腊文化的普遍胜利。荷尔德林发展了这些关联，用来表达法国大革命之后十年里的政治兴奋。

荷尔德林那里的狄奥尼索斯延续了古代狄奥尼索斯的各种特性。首先，有他与诗歌之间、与诗歌由之产生的疯狂之间的古老的联系。其次，有各种矛盾，从而使他有资格在凡人和诸神之间进行调解，后者对于荷尔德林来说是缺席的。他离开而又回来，可能存在于诸如面具、常春藤或酒之类的东西之中，

可能以人的面貌而不为人知晓地往来，因此，他的缺席甚至也可能看起来反映了他的在场。第三，有他的极其重要的含义。例如，在索福克勒斯的《安提戈涅》中，他被称为"群星合唱队领唱者（chorus-leader of the stars）"。第四，有他对于共同情感的激发。而在荷尔德林那里，这四种特性经过了变形和融合，用来表达他所想象的，在诗意的迷狂、离去的诸神的归来，以及与法国大革命相关的普遍的社会转型之间的相互关系。

弗里德里希·尼采称荷尔德林是他特别喜爱的诗人。1872年，尼采在《悲剧的诞生》（*The Birth of Tragedy*，第1节）中，关于狄奥尼索斯的显灵，写了如下的召唤：

在狄奥尼索斯的魔力之下，不仅人与人之间得以重新缔结联盟，连那疏远的、敌意的或被征服的自然，也重新庆祝它与自己失散之子——人类——的和解节日。大地自愿地献出自己的赠礼，山崖荒漠间的野兽温顺地走来。狄奥尼索斯的战车缀满鲜花和花环，豹和虎在它的轭下行进。我们不妨把贝多芬的《欢乐颂》转换成一幅画，让我们的想象力跟进，想象万民令人惊恐地落入尘埃，化为乌有，于是我们就能接近狄奥尼索斯了。现在，奴隶也成了自由人；现在，困顿、专横或者"无耻的风尚"在人与人之间固定起来的全部顽固而敌意的藩篱，全都分崩离析了。现在，有了世界和谐的福音，人人都感到自己与邻人不仅是联合了、和解了、融合了，而且是合为一体了，仿佛**摩耶**（*māyā*）面纱已经被撕碎了，只还有些碎片在神秘的"太一"（primordial unity）面前飘零。载歌载舞之际，人表现为一个更高的共同体的成员……正如现在野兽也能说话，大地流出乳汁和蜂蜜，同样地，人身上发出某种超自然之物的声音：人感觉自己就是神……①

从这段摘录中，我们看到了古典时代的狄奥尼索斯的特性：他的凯旋式的游行（第四章），人类与自然的统一（第二章），奶和蜜从大地中奇迹般地流溢（第四章），人类的公共性（第三章），以及奴隶与自由人、人与动物、人与神之间边界的消除。但是摩耶的观念引起了异乎寻常的关注。它是一个梵语词，意指幻想或神奇的力量，在印度吠檀多（Vedanta）哲学中用于表达世界的力量，带有明显的多样性，以梵天（Brahma，绝对精神）隐含（遮盖）个体的统一性。

这种观念为哲学家叔本华（Schopenhauer，1788—1860）所吸纳，尼采曾在略早之前从他那里引用，实际上是把摩耶的

---

① 译文参考［德］弗里德里希·尼采著，孙周兴译，《悲剧的诞生》，商务印书馆，2012年。——译注

遮盖联系于**个体法则**（*principium individuationis*）。叔本华用这种"个体法则"表示人把世界理解为——通过空间、时间和因果关系的中介——个体表象之多样性的法则。尼采把狄奥尼索斯教义联系于陶醉（Rausch），以及来自个体法则之崩溃而产生的快乐的迷狂，还有通往一切事物之"太一（primordial oneness）"的途径。这类似于那些与古代的狄奥尼索斯有关的观念——围绕在个人和可以理解的所有事物的隐蔽的统一性之上的那些界限的消除（第五章、第八章）。再者，正如在古典时代，对于狄奥尼索斯的肢解和复原的一种形而上学的解释与古代的神秘崇拜有关联，所以尼采不仅把狄奥尼索斯的肢解联系于个体的苦难，还把在神秘崇拜中为他的再生而举行的快乐的庆祝联系于"个体之终结"。但是，古代的狄奥尼索斯教义被尼采（第1节）加以发展，去往一个极为不同的形而上学的方向，这间接地受到印度哲学的影响。尼采甚至走得很远，写到了"所有存在的地基，世界的狄奥尼索斯式的基质"（*Untergrund*，第25节）。

尼采补充说，世界的这种狄奥尼索斯式的基质，唯有当它被阿波罗的**变形能力**（*Verklarungskraft*）所克服时，才能进入个体的意识。狄奥尼索斯教义不只是一种形而上学法则，也是一种"**艺术冲动**（*Kunsttrieb*）"。狄奥尼索斯式与阿波罗式是正好相反的艺术冲动，前者结合于陶醉（尤其表达于音乐），后者结合于梦和个体的幻想（尤其表达于雕塑）。它们通常彼此平行发展，互相对抗，但是凭借古希腊意志的"一种形而上学的奇迹"，两者结合在一起，产生了阿提卡悲剧。

悲剧的狄奥尼索斯式层面尤其显现在萨提尔身上，尼采设想他们构成了原始悲剧的合唱队（比较第七章），正是在这种合唱队中，悲剧的演出呈现为一种既是狄奥尼索斯式的，也是阿波罗式的景象。萨提尔作为狄奥尼索斯的绝妙的追随者，兼有动物性和智慧。他们是"来自自然的内心的智慧的宣告者"。按照尼采的说法，有他们在场，观众得到一种与自然相统一的安慰人心的感觉。更为特别的是，他们把自然表现为**与文化的对立**（as opposed to culture，第 7 节）。

古希腊的文化人面对萨提尔合唱队会感到自己被消融了。而且此即狄奥尼索斯悲剧的下一个效应，即国家和社会，一般而言就是人与人之间的种种鸿沟隔阂，都让位给一种极强大的、回归自然心脏的统一感了。……所有真正的悲剧都以一种形而上学的慰藉来释放我们，即是说：尽管现象千变万化，但在事物的根本处，生命却是牢不可破、强大而快乐的。这种慰藉具体而清晰地显现为萨提尔合唱队，显现为自然生灵（Naturwesen）的合唱队；这些自然生灵仿佛不可根除地生活在所有文明的背后,尽管世代变迁、历史更替,他们都永远如一。①

这种"**自然的真理**(*Naturwahrheit*)"体现于萨提尔,与"**文化的谎言**(*Kulturluge*)"形成对照,而这种对照"类似"于事物(在其自身之中)的永恒的核心与整个表象的世界之间的对照(第8节)。因此,概言之,各种界限(人类与自然之间、一个人与另一个人之间)的消除结合于自然(作为文化的对立面)和形而上学的永久性(作为变化着的表象的对立面),而这种结合体现于狄奥尼索斯式的萨提尔合唱队,它构成了原初的悲剧。

至少在尼采写作《悲剧的诞生》的一个世纪之前,众多德国知识分子——远胜于英国或法国——曾经思考狄奥尼索斯教义不只是作为一个学术问题,而且是对于当代世界依然具有重要意义的原则。狄奥尼索斯与阿波罗之间的对照实际上可以上溯至古典时代:普鲁塔克比较了狄奥尼索斯的音乐和阿波罗的音乐,并把这种比较扩展到一个更加普遍的,也就是艺术家所描述的阿波罗的"均匀、整齐、纯粹的严肃性",与他们所描述的狄奥尼索斯的"一种混杂的游戏性、攻击性、严肃性和疯狂"之间的比较(《道德论集》,389b)。阿波罗式和狄奥尼索斯式得到了详尽的阐释,艺术史家温克尔曼(Winckelmann,

---
① 参考前引孙周兴译文,有改动。——译注

1717—1868）把它们作为美的两种相互对照的理想类型，哲学家谢林（Schelling，1775—1854）当作相互对照的创造原则，而法学家和人类学家巴霍芬（Bachofen，1815—1887）当作包含性（sexuality）、性别（gender）、精神性和社会组织在内的相互对照的原则。巴霍芬还强调，政治在个人之间设立分界，而狄奥尼索斯把它们移除，并且"引导一切事物回到统一性"（《关于古代陵墓象征主义的演说》[*Discourse Concerning the Tomb Symbolism of the Antients*]，1859）。

所选这些例子简略地表明，《悲剧的诞生》对狄奥尼索斯式的使用，可能并非像初看起来那样具有原创性。而它真正所具有的原创性并不在于其中任何一个单独的因素，而在于把它们结合成为一个有说服力的整体。尽管它从最初面世开始就受到了针对其学术性的批评，这种说服力还是保证了它具有相当重要的、持久不断的影响力。

最后，尼采的论述中有一个缺点值得强调。他忽视了一种观点，那就是悲剧合唱队（在管弦乐队中）所表现的人们是对立于尊贵的人物角色（在舞台上）的，他因而甚至说，"从（悲剧的）纯粹宗教信仰的起源，大众与王族之间，以及一般说来全部政治—社会领域内的整体对立都排除了"（第7节）。这表达了尼采对他那个时代的"政治—社会领域"的厌恶，并且似乎直接反对更早的黑格尔（Hegel，1770—1831）所代表的那种对悲剧的阐释。对于尼采来说，法国大革命不再具有对于包括荷尔德林在内的、更早的诸多德国思想家的影响。对他来说，狄奥尼索斯式的人类的统一性没有政治意义。

法国大革命的理念在英国的影响更加微弱。在折中主义的英国美学家沃尔特·佩特（Walter Pater，1839—1894）的"狄奥尼索斯研究"中，只有一条脚注，它——由于仅此一条——似乎有意说明某些事物，即使会扰乱正文平静的流动，还是不得不说明一下。对于"即便奴隶也有他们的假期"这个事实，这条脚注补充说："有人把狄奥尼索斯设想成具有秘密的民主趣味。尽管实际上他只是人们心灵的解放者。"跟尼采一样，佩特刻意忽视了狄奥尼索斯的一种政治维度的可能性。

非历史化的尼采式的狄奥尼索斯最终延续到了20世纪。法国哲学家吉尔·德勒兹（Gilles Deleuze）在他的《差异与重复》（*Différence et Répétition*，1968）的结论中，把"最伟大的哲学成就"归结于"让一点点狄奥尼索斯的血液，流进阿波罗的有机体的静脉里"。在《现代性的哲学话语》（*The Philosophical Discourse of Modernity*，德文初版于1985年）中，尤尔根·哈贝马斯（Jurgen Habermas）论证，尼采的"狄奥尼索斯式的弥赛亚主义"被马丁·海德格尔（Martin Heidegger）继承了："尼采曾经把克服虚无主义的希望托付给了在美学上复活的狄奥尼索斯神话。海德格尔把这个狄奥尼索斯事件投射到了批评形而上学的屏幕上,从而具有了一种世界—历史的意义。现在,存在已经从存在者那里抽身出来……"与这种过度抽象相比,在21世纪,揭示狄奥尼索斯在古典时代生活之嵌入性的作品已经加快了步伐。

小结

我们已经把这本书的讨论带回到它的起点:当今。为此我们集中讨论了狄奥尼索斯作为一个象征而在其中大放光彩的两种欧洲文化。也许并非偶然,它们也是欧洲历史上最具有知识上的创造力的时代:文艺复兴时期的意大利和19世纪的德国。

十一、狄奥尼索斯与金钱，彼时此时

人类发展的一个方面，一直是个体从自然和彼此之间（不同程度）趋于疏离的过程。古希腊人在他们最早记录的历史中，以一种迅速的方式体验了这一过程，因此留下了一种失落感和缺席感。但是，缺席反映了在场的可能性，而把我们与自然和彼此之间统一起来的那种超越性力量的缺席和在场投射在一个想象中的人物身上，那就是狄奥尼索斯。狄奥尼索斯并不是凭空编造出来的，而是为了满足不断发展的各种需要，持续改变神性的结果。在这方面，他跟别的神灵一样，但是比后者更加体现了某种已经失落的东西。

尤其是他保持着与植物和动物之间的联系，那种联系可能一度由其他重要诸神分享。除了把他自己和凡人变形为各种动物之外，他也被等同于我们可能转变的本性的体现，等同于可以消除个人心灵中的各种界限的植物，等同于酒（第二章）。狄奥尼索斯式的迷狂，无论是否由酒维持，都可以消解个体的认同，以便加强对一个群体（尤其是狂欢队、结成一体的神圣团队，也许有着远古的起源）的归属感，这个群体想象自己是神的同伴。类似的共同情感也可能在作为一个整体的城邦中得到体验。因此，狄奥尼索斯的狂欢队和城邦的狄奥尼索斯节都具有政治意义（第三章）。

这种通过仪式而产生的主观转变，即个体自我的突然克服，似乎要求一种外在力量的到来，这种力量体现为神的显灵（第四章）。最重要的是，神秘入会仪式克服了孤立的个体，通过消除基本的界限——尤其是动物与人、人与神、男人与女人、生与死之间的界限——从而把入会者转变为他或她的对立面。或者毋宁说，由于入会者不可能继续保持他或她的先前的身份，狄奥尼索斯才把对立者统一起来。神秘的变迁也是死亡的预演——把入会者转变成这个世界和另一个世界的狄奥尼索斯狂欢队的成员（第五章）。因此，神奇的狄奥尼索斯既保证了他的追随者在另一个世界的快乐，他自己——作为他们的仪式性的死亡的一个样板——也被肢解而又复活（第六章）。

更进一步，狄奥尼索斯式的身份转换有助于古希腊戏剧和哲学的重要发展。在悲剧的起源中，一个重要的因素是狄奥尼索斯的神秘崇拜，尤其是它的两个基本特性：身份转换，以及通过显灵而解决了（痛苦的）孤独个体和（合唱的）狂欢队之间的紧张（第七章）。在可朽的肉体与不朽的灵魂之间的那种柏拉图式的对立，在一定程度上源于神秘仪式中的灵魂从死亡的肉体分离的原型。再者，狄奥尼索斯变形的在场可能——就像我们时代的附体崇拜——占据了他的追随者的内部，因此有助于形成内部（灵魂）与肉体之间的一种对立的观念，同样也有助于新柏拉图主义把狄奥尼索斯作为灵魂的寓言化。对狄奥尼索斯的抽象化开始于古典时代（第八章）。

从第二章到第八章，记录了狄奥尼索斯在他各种表现形式中的力量，这种力量产生了个人身份转换。第九章关注基督教会对这种力量的消除。第十章列举了一些例证，阐明后来在欧洲重新出现的对于那种独特性的尊敬——那种独特性是快乐的狄奥尼索斯式转型所不可化约的。

在现代，认同狄奥尼索斯的各种抽象并非毫无价值，但是只有在它们奠基于古代的实践和信仰，并且历史化的前提之下才是如此。例如，狄奥尼索斯与界限的消除或对立的统一之间的联系，并不是一种形而上学原则的体现，毋宁说是成形于它得以制定的特殊环境，尤其是神秘入会仪式。再者，为了理解狄奥尼索斯，我们必须也把它的对立者历史化：那些被狄奥尼索斯消除其界限的个体。

我们通过我们自己的滤镜来看古希腊的个人主义。我们的个人主义是消费主义者。我们每一个人在某种程度上都是以他或她的消费能力构建为一个个体的。金钱购买几乎所有东西（尤为重要的是政治力量），大部分人际交往都以金钱为媒介，人们通过对金钱的使用来创造他们的生活和身份。在我们这些"民主的"消费社会里，我们迫于看不见的意识形态压力，把我们自己想象成完全独立的自我认同的个体，作出自由的政治选择和消费选择，完全孤立于自然。这样一种自我形象必定围绕在道德的、情感的、知性的深渊之中，这种深渊产生了对于一种超越性的力量的需求，无论是一位心胸狭隘的神来巩固自我的边界，还是一种不那么确定的力量，来威胁着要消除它们——这种力量我们可以用各种方式来构造和命名。

尽管有着明显的差异，远古和古典时代的希腊个人主义中，是否有些东西与我们的个人主义是相同的？我相信是的。历史上最早遍布了金钱的使用（因而转型）的社会是公元前6世纪发达的古希腊城邦（在很大程度上是通过金属货币的发明）。这个时代被视为"个人从古老的家庭的一致性中不断解放出来"的阶段（道兹 [E.R.Dodds]）。

我认为这样的发展有一部分是货币化的孤立效果造成的。这个勇敢无畏的、新的金钱世界是人类这个物种的体验中非常晚近的发展，其中所创造的第一个诗歌体裁是悲剧，它集中围绕着一个前所未有的个体，也可以从历史学和哲学的角度来认识：**暴君**（*tyrant*），孤立于诸神，甚至孤立于他自己的亲属，痴迷于金钱，违反有关互惠、神圣和亲缘的道德标准的僭越者。因为金钱体现了人与人之间的力量，增加个人财产，它把个人的自主性提高到了前所未有的程度，因此似乎把它的拥有者从古老的道德标准，甚至从对亲属和诸神的依赖中放松出来。暴君是新的个体，显而易见是属于金钱的人。在狄奥尼索斯式的悲剧中，孤立的独裁者通常是会被毁灭的，而他的对立面，无名的合唱队，则维持着传统的道德，并存活下来。

这种模式的一个绝佳的例子（代表其原型）是唯一现存的狄奥尼索斯主题的悲剧《酒神伴侣》。再者，这出戏充满了暴君式的彭透斯顽固不化的孤立（与亲属、神灵和其他所有人）与狄奥尼索斯合唱队的齐心协力之间的对比（第三章）。彭透斯甚至从金钱方面来想象狄奥尼索斯崇拜：他怀疑忒瑞西阿斯采纳新的崇拜是为了金钱上的收获（257）；而在情节的转折点上，当他以某种方式从新的狄奥尼索斯崇拜的一个顽固地好斗的敌对者转变为对它温顺的迷恋时，他被询问是否愿意在山坡上看到女祭司，他回答说，他愿意为此出很多钱（811—812）。就连有限制的狄奥尼索斯式的场景也被他从金钱方面来看待。在他们的下一首歌里，狄奥尼索斯的狂欢队问什么是对凡人来说最好的东西，回答是长生不死，而不是压倒敌手的力量。再者，相较于神秘入会仪式给每一天带来的永恒的快乐相比，力量和财富上的竞争是不确定的（897—912）。

在别的地方也可以发现"金钱人（the man of money）"和狄奥尼索斯狂欢队的入会者之间同样的比较，特别是在迈达斯的神话中。迈达斯的神话至少早在公元前6世纪就出现了。迈达斯抓住西勒诺斯这个狄奥尼索斯的智慧同伴，问他什么是对人类最好的东西。西勒诺斯回答迈达斯是"短命的"，并且透露说，对于人类而言最好就是从未出生，其次就是死掉，越快越好。西勒诺斯还说到了"自然和古老的东西"。作为释放西勒诺斯的回报，迈达斯得到狄奥尼索斯（或西勒诺斯）允诺，可以实现任何愿望，然后他选择了把他所触及的任何东西变成黄金的能力。

这意味着迈达斯自己对他的问题——什么是对人类最好的东西——的答案是：钱。迈达斯的触碰是对古希腊人的神奇想象的反应，他们发现了稀有金属作为普遍等价物的新的（在荷马那里还不为人所知）令人惊异的力量。后来，连他的食物也变成了金子，迈达斯的后悔表达了这种发展的消极面：沉迷于抽象事物（金钱）的快乐，会变得无法享受具体事物的快乐。在这个神话的一个版本中，迈达斯成为狄奥尼索斯或俄耳甫斯神秘崇拜的入会者，认可西勒诺斯作为狂欢队的成员，又由狄奥尼索斯把他从他的金钱能力中解脱出来，从此之后栖身于野外，膜拜潘。

为什么迈达斯的对立面由西勒诺斯来代表？迈达斯是新的金钱人，西勒诺斯则联系于"自然"和"古老"的东西，联系于自然而未经金钱的中介。狄奥尼索斯狂欢队超越了孤立的家庭，但是尽管如此，却在其亲密的齐心协力中，脱离于城邦，也许代表着保持一种社会的、礼仪的统一体，远比城邦更为古老。金钱的抽象性在人类和自然之间起调和作用，并且总是体现着快乐的**延迟**（deferral），而西勒诺斯的快乐，以及一般而言萨提尔的快乐，却总是直接的、即时的。迈达斯是一个"短命的"凡人，而西勒诺斯就像狄奥尼索斯一样，结合了动物性、人性和神性。似乎金钱给予个体（与自然，甚至与亲属）的孤立，也是与神灵的孤立。永生不死的西勒诺斯，作为狄奥尼索斯的同伴，鄙视财富，甚至鄙视未入会的凡人中的最富有者，因为财富——相比于神秘的快乐——是转瞬即逝的。

那么，我们如何才能在一个货币化的世界里找到不朽呢？一个入会于狄奥尼索斯狂欢队的人可能因此变成一个（长生不死的）萨提尔，但是那很难说是一个吸引人的观念。比如，柏拉图对"模仿萨提尔和希伦的人们所实施的入会仪式"不屑一顾，因为它"无关于城邦"(《法律篇》,815)。对于柏拉图来说,他的理想国的哲人王应该在他们的灵魂中拥有神圣的金银财富(《理想国》,416e)。在他的《会饮篇》里,哲学家应该超越肉体的迷恋,上升到观赏某种抽象的、美的、永恒不变的东西。这个过程——由苏格拉底所转述的第俄提玛(Diotima)——被描述为神秘入会仪式中的从受苦到异象的转变。只有通过逃离自然、逃离肉体,才能得到永恒不朽。

这种新的神奇的智慧试图把抽象和永恒不朽融为一体,因此与西勒诺斯的古老智慧正好相反。但是我们不必等待很久,来弥补肉身的缺陷:苏格拉底被描述成像一个萨提尔,既在于他的外貌,也因为他的言谈——就像萨提尔玛耳绪阿斯(Marsyas)的音乐——附体于它的听众;而且他鄙视财富(216e1—4)。实际上,哲学被想象为分享一种狄奥尼索斯狂欢队的疯狂(218b3),而用来表示**分享**(*koinōnein*)的词语反映了群体的同心同德。在柏拉图的时代,狄奥尼索斯式的入会仪式似乎有可能包含着创造群体的统一性(第五章),也许同时也有个体灵魂的统一性(第八章)。柏拉图用 *koinōnein* 唤起了狄奥尼索斯群体的肉身的凝聚力,作为一种形象来表达哲学家的纯粹知性的凝聚力。六个世纪之后,新柏拉图主义者普罗提诺运用了同样的狄奥尼索斯式的疯狂的形象,但是只用来表达个体的哲学灵魂的统一性（第八章）。

在普罗提诺之后，过了 18 个世纪，个人主义得到了更进一步的发展。我们生活在这样一个世界里，有钱人的盲目的力量不仅继续促使着个体疏离彼此、疏离自然，甚至威胁要在全球环境灾难中毁灭自然本身。也许，这就是为什么狄奥尼索斯依然对我们有所启示，而我们依然可以听到索福克勒斯的《安提戈涅》的合唱队。在孤立的、痴迷金钱的暴君克瑞翁所引发的浩劫之后，他们祈求狄奥尼索斯越过帕那尔索斯山坡或激荡的海峡，以舞蹈来净化城邦暴虐的瘟疫（1140—1145）。

拓展阅读

Bierl, A. F. (1991), *Dionysos und die griechische Tragödie*. Tübingen: Classica Monacensia. 详尽记述了悲剧中出现的狄奥尼索斯。

Bruhl, A. (1953), *Liber Pater*. Paris. 全面记述了被认同于狄奥尼索斯的古罗马的神。

Burkert., W. (1987), *Ancient Mystery Cult*. Harvard University Press. 现有的对此主题的最佳处理。

Carpenter, T. H. (1986), *Dionysian Imagery in Archaic Greek Art*. Oxford: Clarendon Press. 谨慎而图例丰富的处理。留存至今的几乎全部瓶画。

Carpenter, T. H. (1997), *Dionysian Imagery in Fifth-Century Athens*. Oxford: Clarendon Press. 谨慎而图例丰富的处理。留存至今的几乎全部瓶画。

Carpenter, T. H. and Faraone, C. A. (1993), *The Masks of*

Dionysos. Ithaca and London: Cornell University Press. 多位学者关于酒神各个方面的文集，带有一份出色的书目。

Casadio, G. (1999), *Il Vino dell'Anima. Storia del culto di Dioniso a Corinto, Sicione, Trezene*. Rome: Il Calamo. 聚焦于古希腊某个信仰可能获取到什么。这是一个榜样。

Detienne, M. (1979), *Dionysos Slain* (translation of *Dionysos mis à mort*, Paris 1977). Baltimore: Johns Hopkins University Press. 包含一个对于杀戮狄奥尼索斯的神话之政治含义的结构主义解释。

Dodds, E. R. (1960), *Euripides Bacchae* (2nd ed.). 包含古希腊文本和有影响力的导言和评论。

Henrichs, A. (1978), "Greek Maenadism from Olympia to Messalina", *Harvard Studies in Classical Philology*. 82.121—160. 基于大量碑文，关于女祭司的最好的历史叙述。

Henrichs, A. (1982), "Changing Dionysiac Identities", in B. F. Meyer and E. P. Sanders (eds), *Self-Definition in the Graeco-Roman World*. London. 137—160, 213—236. 大量涉及狄奥尼索斯崇拜仪式中的个人与群体的关系问题。

Henrichs, A. (1984), "Loss of Self, Suffering, Violence: the Modern View of Dionysus from Nietzsche to Girard", *Harvard*

Studies in Classical Philology 88.205—240. 关于狄奥尼索斯的现代叙述的一种批判性的概述。

Isler-Kerényi, C. (2001), *Dionysos nella Grecia arcaica*. Pisa and Rome: Istituti Editoriali e Poligrafici Internazionali. 对于古代绘画中的狄奥尼索斯及其随从者的记述，采用了（有别于 Carpenter 的）人类学和历史学的视角。

Jaccottet, A.-F. (2003), *Choisir Dionysos. Les Associations Dionysiaques ou la face cachée du Dionysisme*. Zurich: Akanthus. 关于与狄奥尼索斯社团有关的众多碑文的不可或缺的收集和讨论。

Kerényi, C. (1976), *Dionysos. Archetypal Image of Indestructible Life* (translated from the German by R. Mannheim). London: Routledge and Kegan Paul. 荣格式的记述，材料内容极为广泛。

Lada-Richards I. (1999), *Initiating Dionysos*. Oxford University Press. 作为神秘崇拜之神的狄奥尼索斯被用于解释阿里斯托芬的《蛙》。

Lexicon Iconographicum Mythologiae Classicae (1986), vol. 3, 1.414—566, 2.296—456 (plates). 关于狄奥尼索斯视觉形象的一个极其详尽的目录。

McGinty, P. (1978), *Interpretation and Dionysos*. The Hague:

Mouton. 对狄奥尼索斯的现代解释的一个清晰易懂的记述。

Matz, F. (1968—1975), *Die Dionysische Sarkophage*. 4 vols. Berlin. 收集了数量巨大的帝国时代的墓碑，刻有狄奥尼索斯主题的浮雕。

Nietzsche, F. (1872), *Die Geburt der Tragödie aus dem Geist der Musik.* (republished by Reclam, Stuttgart, 1993). 包含对于酒神的一种开创性的记述。

Nilsson, M. P. (1957), *The Dionysiac Mysteries of the Hellenistic and Roman Age.* Lund. 稍微有点过时，但是属于Nilsson极少数被译为英文的著作之一。其他著作包含大量有关狄奥尼索斯的内容，比如他的两卷本古希腊宗教史 (*Geschichte der griechischen Religion*)。

Otto, W.F. (1965), *Dionysus. Myth and cult* (translated from the German of 1933). Indiana University Press. 一种非历史化视角中的狄奥尼索斯，把他视为显灵和矛盾冲突的体现。

Parker, R. (2005). *Polytheism and Society at Athens*. Oxford University Press. 包含一种近期较好的对于雅典酒神节的记述。

Rohde, E. (1925) ［1894］, Psyche. *The Cult of Souls and Belief in Immortality among the Ancient Greeks* (translation from the German ［8th edition］, reprinted 1987). London: Kegan Paul.

包含一个有影响力的记述,关于作为一种精神崇拜的狄奥尼索斯崇拜。Rohde 相信,狄奥尼索斯从色雷斯来到希腊,但是现在已经被青铜时代文本的考古发现反驳。

Seaford, R. (1996), *Euripides Bacchae*. Aris and Philips. 包括导论、古希腊文本、翻译和评论。提出政治和神秘崇拜。

Versnel, H. (1990), *Ter Unis. Isis, Dionysos, Hermes: Three Studies in Henotheism*. Leiden: E. J. Brill. 从历史视角阐释欧里庇得斯《酒神伴侣》,包括关于把新神引入雅典的概括性的论述。

参考文献

文中引用了拓展阅读的部分作品，以及以下文献：

Berard,C.(1974),*Anodoi. Bibliotheca Helvetica Romana 13.* Neuchatel.

Coldiron, M.J. (2004), *Trance and the Transformation of the Actor in Japanese Noh and Balinese Masked Dance-Drama.* Edwin Mellen Press.

Dodds E. R. (1951), *The Greeks and the Irrational.* University of California Press.

Haenchen, E. (1971), *The Acts of the Apostles. A Commentary.* Oxford: Blackwell.

Keuls, E. (1997), *Painter and Poet in Ancient Greece.* Stuttgart: Teubner.

Rouget, G.(1985), *Music and Trance.* Chicago University Press.

索 引

(数字指原书页码)

Achilles Tatius 阿喀琉斯·塔提乌斯 62，122

Acts of the Apostles 《使徒行传》124

Aeschylus 埃斯库罗斯 28，77，81，84，91

Agrionia 阿格里奥尼亚 42

Alexander the Great 亚历山大大帝 37

animals 动物 23—25

Anthesteria 安特斯节 17—21，24，28—30，40，46—47，71，88

Apollo 阿波罗 7，142—143

Archilochus 阿基罗库斯 16

Ariadne 阿里阿德涅 136—137

Aristophanes 阿里斯托芬 54，69，82，84

Artists of Dionysos 狄奥尼索斯艺术家 101—102

Augustine, St. 圣奥古斯丁 28，29，72

索引

Bachofen, L. 巴霍芬 143

Bierl, A. 比尔 10

Caligula 卡利古拉 38

Carpenter, T. 卡本特 10

Casadio, G. 卡萨迪欧 11

Catullus 卡图卢斯 137

Cavafy, C. 卡瓦菲 46

caves 洞穴 67, 79, 82—83

Christianity 基督教 4—5, 18, 99, 103, 120—130

Clement of Alexandria 亚历山大的克莱门特 73, 126, 127

Comedy 喜剧 90—91, 92—94

communality 公共性 26—38

contradiction 矛盾、冲突 6, 8

Crete 克里特 8, 15

dance 跳舞 69—70, 103—104

death 死亡 9, 16, 20, 49, 72—86

Deleuze, G. 德勒兹 144

Demetrius Poliorkētēs 29, 37, 45

Detienne, M. 德蒂安 9

Dionysia, City 城邦酒神节 21, 31, 43, 87—88

Dismemberment 肢解 72—74, 76, 85, 111—118, 142

dithyramb 酒神赞歌 89

Dodds, E. 道兹 7

drama 戏剧 68, 87—104

Egypt 埃及 22—23, 28, 37, 58

epiphany 显灵 19, 39—48, 97

Erigone 厄里戈涅 20, 30

Euripides Bacchae 欧里庇得斯《酒神伴侣》18, 20, 22, 14—15, 28, 32—33, 35—37, 41, 43—44, 52, 54, 66—67, 72, 81, 89—90, 97, 107, 111, 124—125, 149

Euripides *Cyclops* 欧里庇得斯《独眼巨人》47, 92, 94

Evans, A. 埃文斯 5

Exekeias 埃克塞基亚斯 18

Ficino, Marsilio 费奇诺, 马西里欧 134—135

Frazer, J. 弗雷泽 7—8

gold leaves 金箔 54—55, 66, 80, 82, 98—99, 124

Gurôb papyrus 谷罗布 58, 73

Hadrian 哈德良 38

Harrison, Jane 哈里森，简 7

Heidegger, M. 海德格尔 144

Henrichs, A. 亨利希 11

Hephaistos 赫菲斯托斯 18, 30—32

Herakleitos 赫拉克利特 55, 57, 77—78, 110—111, 113

Höderlin, F. 荷尔德林 138—140

Homer 荷马 16, 20—21, 27, 32, 77

Homeric Hymn to Demeter 《荷马颂诗：致德墨忒耳》 18, 23, 39, 43, 51—52

Horace 贺拉斯 42, 80

Ikarios 伊卡里厄斯 20, 30

individualism 个人主义 148

inscriptions 碑文 66—69

Isler-Kerényi 艾斯勒-柯伦伊 11

Isodaitēs 伊索代特斯 36

Jaccottet, A. 雅克泰特 11

Jesus 耶稣 3, 74, 122, 126—127, 139

Jews 犹太人 120—122

Julius Caesar 尤利乌斯·恺撒 61

Jung, K. 荣格 9

Kerényi, K. 克伦尼 8

Kleitias 克里提亚斯 16—17, 30—31

Klytaimnestra 克吕泰涅斯特拉 96

Lada-Richards, I. 拉达－理查兹 10

lamentation 哀悼 85—86, 98

Lardinois, A. 拉蒂诺斯 10

Lenaia 勒纳节 43

Lesbos 莱斯博斯 18, 29, 44

Liber 莱伯尔 60

liberation 解放 29, 71, 81, 124, 144

liknon 利克农 61, 63—64, 67, 85

Linear B 利尼尔 15

Livy 李维 59—60

Longus 朗格斯 18，65

Lorenzo Dei Medici 洛伦佐·美第奇 133—134

Lykourgos 赖库尔戈斯 27，44，91

maenads 女祭司 2，23—25，32—34，36，42，47，63，66，83，85—86，96，108

Marius 马里乌斯 61

Mark Antony 马克·安东尼 40，46

masks 面具 5，47，63，90，110

Matz, F. 马茨 11

Messalina 麦瑟琳娜 93

Michelangelo 米开朗琪罗 135—136

Midas 迈达斯 149—150

Minyas, daughters of 米亚斯的女儿们 23，34，41，44

miracles 神迹 18，20，122

mirror 镜子 54，63，65，115—116，123

money 金钱 148—151

mosaics 马赛克 23，65，128

mystery-cult, Dionysiac 狄奥尼索斯神秘崇拜 20，24，41，45，49—75，76，89—90，92，100—103，107，110—

113, 123, 147

    mystery-cult, Eleusinian 厄琉西斯神秘崇拜 22, 50, 51

nature 自然 15—25

Near Death Experience 濒死体验 53

Neoplatonism 新柏拉图主义 115—116

Nietzsche, F. 尼采 5—9, 140—144

Nilsson, M. 尼尔森 8

Nonnus 诺努斯 115, 127

Oeneus 俄纽斯 19

Olbia 奥尔比亚 52, 79, 113

Olympias 奥林波斯 57

ōmophagy 食生肉 9, 24

Onomacritus 奥诺玛克里托斯 51, 73

Orpheus 俄耳甫斯 56, 65, 91—92

Orphic Hymns 俄耳甫斯颂歌 70

Oschophoria 奥修弗利亚 17

Osiris 奥西里斯 73

Otto, W. 奥托 8—9

Oudemans, W. 奥德曼斯 10

Ovid 奥维德 136

parrot 鹦鹉 65

Pater, W. 佩特 144

Paul, St 圣保罗 123, 125

Pentheus 彭透斯 23—24, 37, 41—43, 50, 52, 60, 72, 79, 82, 93, 107, 109, 124—125, 149

phallus 阳具 31, 61, 64

Phanes 法涅斯 71—72

Philodamos 费拉达摩斯 25

philosophy 哲学 110—118

Plato 柏拉图 22, 25, 28—29, 39, 42, 57, 70—71, 83, 106, 114, 116—117, 150

Plautus 普劳图斯 59

Plotinus 普罗提诺 116, 151

Plutarch 普鲁塔克 3, 21, 23, 46, 53, 69, 71, 73, 74, 79, 117

polis 城邦 9, 26—30, 34, 97

possession trance 附体出神 42, 105—110

Proclus 普罗克洛斯 115

Proitos, daughters of 普罗托斯的女儿们 34

Ptolemy II Philadelphus 托勒密二世费拉德尔夫斯 37, 57—58, 65

Ptolemy IV Philopator, edict of 托勒密四世费拉佩特 58

ritual 仪式 40, 49, 74—75

Rohde, E. 罗德 7

Sabazios 萨巴齐奥思 35—36, 56, 58

sarcophagi 石棺 23, 64

satyric drama 萨提尔戏剧 24, 84, 88—89, 92, 94

satyrs 萨提尔 16, 24, 47, 68—69, 81, 83, 136

Schechner, R. 谢克纳 5

Schlesier, R. 施勒西尔 11

Schopenhauer, F. 叔本华 141

Segal, C. 西格尔 10

sex 性 19—20, 29, 64, 88

Silenos 西勒诺斯 63—64, 92, 149—150

Skyles 斯凯勒斯 52

Skyros 斯基罗斯 28

slaves 奴隶 29

Sophilos 索费洛斯 16—17

Sophokles 索福克勒斯 151

soul 灵魂 7, 107—108, 112—118

Sparta 斯巴达 29

syncretism 混合主义 128

Teiresias 忒瑞西阿斯 22, 28, 107, 111

Thebes 底比斯 33

thiasos 狂欢队 32—34

Titans 巨人 115, 117—118

Titian 提香 136

tragedy 悲剧 6, 34, 87—104, 109, 148

transvestism 异装癖 53

triumph 凯旋 37, 45

tyranny 暴政、专制 97

vase-painting 瓶画 16, 18—19, 22, 33, 47, 78—80, 85, 98—101

Vernant, J.-P. 韦尔南 10

Villa of the Mysteries, Pompeii 庞贝的神秘庄园 53, 61—63

wine 酒 15—22, 24, 29, 30, 74, 81, 95, 100—101, 112, 122, 127

附录：古代世界的诸神与英雄译名表
（希腊语—拉丁语—英语—汉语）

A

Ἄβαι Abae Abae　阿拜

Ἀγαμέμνων Agamemnon Agamemnon　阿伽门农

Ἀγησίλαος Agesilaos Agesilaos　阿盖西劳斯

Ἀγλαΐα Aglaea/Aglaia Aglaea　阿格莱亚

Ἄγλαυρος Aglauros Aglauros　阿格劳洛斯

Ἀγχίσης Anchises Anchises　安喀塞斯

Ἅδης Hades Hades　哈得斯

Ἄδωνις Adonis Adonis　阿多尼斯

Ἀθάμας Athamas Athamas　阿塔马斯

Ἀθηνᾶ Minerva Athena　雅典娜 / 密涅瓦

Αἴας Aiax Aias/Ajax　埃阿斯

Αἴγιστος Aegisthus Aegisthus　埃吉斯托斯

Αἴθρα Aithra Aithra　埃特拉

Αἰνείας Aeneas/Aeneus Aeneas　埃涅阿斯

Ἀλφειός Alpheios Alpheios　阿尔费奥斯

Ἄμμων Ammon Ammon/Amun　阿蒙（古埃及太阳神）

253

Ἀμφιτρίτη Amphitrite Amphitrite　安菲特里忒

Anat　阿娜特（闪米特战争女神）

Anaïtis/Anahita　阿娜提斯/阿娜希塔（波斯-亚美尼亚女神）

Ἀνδρομάχη Andromache Andromache　安德洛玛克

Anu　阿努（赫梯天神）

Ἀπέσας Apesas Apesas　阿佩萨斯

Ἀπόλλων Apollo Apollo　阿波罗

Ἀργειφόντης Argeiphontes Argeiphontes　阿耳癸丰忒斯

Ἄρης Mars Ares　阿瑞斯

Ἀριάδνη Ariadne Ariadne　阿里阿德涅

Ἁρμονία Harmonia Harmonia　哈耳摩尼亚

Ἀρισταῖος Aristaeus Aristaeus　阿里斯泰奥斯

Ἄρτεμις Artemis,Diana Artemis　阿耳忒弥斯/狄安娜

Ἀσκληπιός Aesculapius Asclepius　阿斯克勒庇俄斯

Astarte　阿施塔忒（腓尼基女神）

Ἀστερία Asteria Asteria　阿斯忒里亚

Ἄτλας Atlas Atlas　阿特拉斯

Ἀτρεύς Atreus Atreus　阿特柔斯

Ἀφροδίτη Venus Aphrodite　阿芙洛狄忒/维纳斯

Ἀχιλλεύς Achilleus Achilles　阿喀琉斯

Ἄψυρτος Apsyrtus Apsyrtus　阿普绪耳托斯

B

Βελλεροφῶν Bellerophon Bellerophon　柏勒洛丰

Βοώτης Boutes Boutes　布特斯

Βριάρεως Briareos Briareos　布里阿瑞奥斯

Βρισηΐς Briseis Briseis　布里塞伊斯

Βρισῆος Briseus Briseus　布里修斯

Γ

Γαῖα Gaea Gaia　盖娅

Γανυμήδης Catamitus/Ganymedes Ganymede　伽努墨德斯

Γλαυκός Glaucus Glaukos　格劳科斯

Γῆρας Geras Geras　革剌斯

Γίγαντες Gigantes Gigantes　癸干忒斯

Γύγης Gyges Gyges　巨吉斯

Gula　古拉（美索不达米亚治愈女神）

Δ

Δαίδαλος Daedalus Daedalus　代达罗斯

Δαναός Danaus Danaus　达那奥斯

Δάφνη Daphne Daphne　达芙妮

Δελφύς Delphus Delphus　德尔福斯

Δευκαλίων Deucalion Deucalion　丢卡利翁

Δηίφοβος Deiphobos Deiphobos　得伊福玻斯

Δημήτηρ Demeter Demeter　德墨忒耳

Δημοφόων Demophoon Demophoon　德摩福翁

Δίκη Dike Dike　狄刻

Διοκλῆς Diocles Diokles　狄奥克勒斯

Διομήδης Diomedes Diomedes　狄奥墨德斯

Διόσκουροι Dioscuri Dioscuri　狄奥斯库里

Διώνη Dione Dione　狄奥涅

Δόλων Dolon Dolon　多伦

Dyáus Pitar　道斯·彼塔（印度教天父）

Dumuzi/Tammuz　杜穆兹/塔穆兹（苏美尔的英雄/神）

Δύναμις Dynamis Dynamis　丢纳弥斯

E

Εἰλείθυια Eileithyia Eileithyia　埃勒提雅

Εἰρήνη Eirene Eirene　埃瑞涅

Ἑκάτη Hekate Hekate　赫卡忒

Ἕκτωρ Hector Hector　赫克托耳

Ἕλενος Helenus Helenus　赫勒诺斯

Ἕλλη Helle Helle　赫勒

Enki　恩基（苏美尔欺诈之神）

Ἐνοδία Enodia Enodia　埃诺狄亚

Ἐννώ Enyo Enyo　厄倪俄

Ἐρεχθεύς Erechtheus Erechtheus　厄瑞克透斯

Ἔρις Eris Eris　厄里斯

Ἐριχθόνιος Erichthonios Erichthonios　厄里克托尼奥斯

Ἑρμῆς Hermes Hermes　赫耳墨斯

Ἑρμιόνη Hermione Hermione　赫耳弥奥涅

Ἔρως Eros,Amor Eros　爱若斯/阿莫耳

Ἕσπερος Hesperos Hesperos　赫斯佩洛斯（昏星）

Ἑστία Hestia/Vesta Hestia　赫斯提亚/维斯塔

Εὐδόρος Eudoros Eudoros　欧多罗斯

Εὔμαιος Eumaeus Eumaeus　欧迈奥斯

Εὔμολπος Eumolpos Eumolpos　欧摩尔波斯

Εὐνομία Eunomia Eunomia　欧诺弥亚

Εὐρυνόμη Eurynome Eurynome　欧律诺墨

Εὐρώπη,Εὐρώπα Europa Europa　欧罗巴

Εὐφροσύνη Euphrosyne Euphrosyne　欧佛洛绪涅

Ἐπιμηθεύς Epimetheus Epimetheus　厄庇米修斯

Ἕως Eos Eos　厄俄斯

Εωσφόρος Eosphoros Eosphoros　厄俄斯珀洛斯（晨星）

Z

Ζεύς Zeus Zeus　宙斯

Ζέφυρος Zephyros Zephyros　泽费罗斯

Ζῆθος Zethus Zethus　泽托斯

H

Ἥβη Hebe Hebe　赫柏

Ἥλιος Helios Helios　赫利奥斯

Ἥρα Hera Hera　赫拉

Ἡρακλῆς Herakles Herakles　赫拉克勒斯

Ἥφαιστος Hephaestus Hephaestus　赫菲斯托斯

Θ

Θάλεια Thalia Thalia　塔利亚

Θάνατος Thanatus Thanatos　塔纳托斯

Θέμις Themis Themis　忒弥斯

Θέτις Thetis Thetis　忒提斯

Θησεύς Theseus Theseus　忒修斯

I

Ἰάλεμος Ialemus Ialemus　伊阿勒摩斯

Ἰάσων Jason Jason　伊阿宋

Ἱέρων Hieron Hieron　希耶罗

Ἵμερος Himeros Himeros　希墨洛斯

Inanna　伊南娜（苏美尔爱神）

Ἰξίων Ixion Ixion　伊克西翁

Ἰοδάμα Iodama Iodama　伊奥达玛

Ἰόλαος Iolaos Iolaos　伊俄拉俄斯

Ἱππόλυτος Hippolytus Hippolytus　希波吕托斯

Ἶρις Iris Iris　伊里斯

Ἶσις Isis Isis　伊西斯

Ishtar　伊诗塔

Ἰφιάνασσα Iphianassa Iphianassa　伊菲阿纳萨

Ἰφιγένεια Iphigeneia Iphigeneia　伊菲革涅亚

Ἰφιμέδη Iphimede Iphimedê　伊菲梅德

Ἰώ Io Io　伊娥

Ἴων Ion Ion　伊翁

K

Κάδμος Kadmos Kadmos　　卡德摩斯

Καλλιόπη Calliope Calliope　　卡利俄佩

Καλυψώ Calypso Calypso　　卡吕普索

Καρνεῖος Carneius Carneius　　卡内乌斯

Κασσάνδρα Kassandra Kassandra　　卡珊德拉

Κάστωρ Castor Castor　　卡斯托耳

Κέρβερος Cerberus Cerberus　　刻耳贝洛斯

Κλυταιμνήστρα Klytaimnestra Klytaimnestra　　克吕泰涅斯特拉

Κορωνίς Coronis Coronis　　科洛尼斯

Κρεσφόντης Kresphontes Kresphontes　　克瑞斯丰忒斯

Κρόνος Cronus Cronos　　克罗诺斯

Κυβέλη,Κυβήβη Cybele Cybele　　库柏勒

Κύκνος Kyknos Kyknos　　库克诺斯

Κυρήνη Cyrene Cyrene　　昔兰尼

Λ

Λάϊος Laius Laius　　拉伊俄斯

Λαομέδων Laomedon Laomedon　　拉俄墨冬

Λήδα Leda Leda　　勒达

Λητώ Leto/Latona Leto 勒托/拉托娜

Λῖνος Linus Linus 利诺斯

Λύκτος Lyktos Lyktos 吕克托斯

M

Μαῖα Maia Maia/Maea 迈娅

Marduk 马耳朴克（巴比伦主神）

Μάρπησσα Marpessa Marpessa 玛耳佩萨

Μαρσύας Marsyas Marsyas 玛耳绪阿斯

Μαχάων Machaon Machaon 玛卡翁

Μεγακλῆς Megakles Megakles 麦伽克勒斯

Μέδουσα Medusa Medusa 美杜莎

Μελάνιππος Melanippos Melanippos 美拉尼波斯

Μελίτη Melite Melite 美利忒

Μελπομένη Melpomene Melpomene 美尔波墨涅

Μετάνειρα Metaneira Metaneira 美塔内拉

Μήδεια Medea Medea 美狄亚

Μηριόνης Meriones Meriones 美里奥涅斯

Μῆτις Metis Metis 墨提斯

Μίλητος Miletus Miletus 米勒托斯

Μίνως Minos Minos 米诺斯

Μνημοσύνη Mnemosyne Mnemosyne　摩涅莫绪涅

Μοῖραι Moirai Moirai　莫依赖 / 命运三女神

Μοῦσα,Μοῦσαι Musa,Musae Muse,Muses　缪斯

Μουσαίος Musaeus Musaeus　缪塞奥斯

N

Nanaya　娜娜雅

Ναυσικᾶ Nausikaa Nausikaa　瑙西卡

Νέμεσις Nemesis Nemesis　涅美西斯

Νηρηΐδες Nereids Nereids　涅瑞伊得斯

Νέστωρ Nestor Nestor　涅斯托尔

Νηλεύς Neleus Neleus　涅琉斯

Νηρεύς Nereus Nereus　涅柔斯

Νιόβη Niobe Niobe　尼俄柏

Νύμφης Nymphs Nymphs　宁芙

O

Ὀδυσσεύς Odysseus,Ulixes,Ulysses Odysseus　奥德修斯 / 尤利克塞斯 / 尤利西斯

Οἴαγρος Oeagrus Oeagrus　奥厄阿革洛斯

Οἰδίπους Oedipus Oedipus　俄狄浦斯

Ὅμηρος Homerus Homer　　荷马

Ὀρέστης Orestes Orestes　　奥瑞斯忒斯

Ὀρφεύς Orpheus Orpheus　　俄耳甫斯

Ὄσιρις Osiris Osiris　　奥西里斯

Οὐρανός Ouranos Ouranos　　乌拉诺斯

Π

Παιών, Παιάν Paeon, Paean Paeon　　派翁

Πάλλας Pallas Pallas　　帕拉斯

Πάν Pan Pan　　潘

Πάνδαρος Pandarus Pandaros　　潘达罗斯

Πάνδροσος Pandrosos Pandrosos　　潘德罗索斯

Πανδώρα Pandora Pandora　　潘多拉

Παρθένος Parthenos Parthenos　　帕特诺斯（克里米亚神祇）

Πάρις Paris Paris　　帕里斯

Πάτροκλος Patroclus Patroclus　　帕特罗克洛斯

Πειρίθοος Peirithoos Peirithoos　　佩里图斯

Πέλευς Peleus Peleus　　佩琉斯

Πέλοψ Pelops Pelops　　佩罗普斯

Περσεύς Perseus Perseus　　佩耳修斯

Περσεφόνη Persephone/Proserpina Persephone　　佩耳塞福涅

Πήγασος Pegasus/Pegasos Pegasus　佩伽索斯

Πηνειός Peneius Peneius　佩纽斯

Πηνελόπη Penelope Penelope　佩涅洛佩

Πιερίδες Pierides Pierides　庇厄里得斯

Πλούιων Plouton Pluto　普鲁托

Ποδαλείριος Podalirius/Podaleirius Podalirios　波达勒里奥斯

Πολύφημος Polyphemus Polyphemus　波吕斐摩斯

Ποσειδῶν Poseidon/Neptunus Poseidon　波塞冬 / 尼普顿

Πρίαμος Priamos Priam　普里阿摩斯

Προμηθεύς Prometheus Prometheus　普罗米修斯

Πτώιος Ptoios Ptoios　普托伊奥斯

Πυθία Pythia Pythia　皮提亚

Πύθων Python Python　皮同

P

Ῥέα Rhea Rhea　瑞娅

Σ

Σαρπηδών Sarpedon Sarpedon　萨耳佩冬

Σάτυρος Satyrus Satyr　萨蒂尔

Σειρήν Sirens Sirens　塞壬

Σεμέλη Semele Semele　塞墨勒

Σπερχειός Spercheius Spercheius　斯佩耳凯奥斯

Στερόπη Sterope Sterope　斯忒洛佩

Σφίγξ sphinx sphinx　斯芬克斯

T

Τάρταρος Tartarus Tartarus　塔耳塔罗斯

Τειρεσίας Teiresias Teiresias　忒瑞西阿斯

Τεῦκρος Teukros Teukros　透克洛斯

Τηλεμάχος Telemachos Telemachos　忒勒玛霍斯

Τήλεφος Telephus Telephos　忒勒福斯

Τηθύς Tethys Tethys　泰堤斯

Tiamat　提亚玛特（巴比伦混沌母神）

Τιθωνός Tithonus Tithonus　提托诺斯

Τιτᾶνες Titans Titans　提坦

Τιτυός Tityos Tityos　提图奥斯

Τρίτων Triton Triton　特里同

Τρώς Tros Tros　特洛斯

Τυδεύς Tydeus Tydeus　提丢斯

Turan　图兰（伊特鲁里亚爱神）

Τυνδάρεος Tyndareus Tyndareus　廷达瑞俄斯

Τυρώ Tyro Tyro　提洛

Τυφῶν Typhon Typhon　提丰

Y

Ὑάκινθος Hyacinthus Hyacinthus　许阿辛托斯

Ὕδρα Hydra Hydra　许德拉

Ὕλας Hylas Hylas　许拉斯

Ὑμέναιος Hymenaeus/Hymenaios Hymenaeus/Hymen 许墨奈奥斯 / 许门

Ὑπερίων Hyperion Hyperion　许佩里翁

Ushas　乌莎斯（吠陀黎明女神）

Φ

Φαέθων Phaeton Phaeton　法厄同

Φαίδρα Phaedra Phaedra　菲德拉

Φήμιος Phemius Phemius　费弥奥斯

Φιλάμμων Philammon Philammon　菲拉蒙

Φιλήμων Philemon/Philemo Philemon　菲勒蒙

Φινεύς Phineus Phineus　菲内乌斯

Φοίβη Phoibe Phoibe　福柏

X

Χάος Chaos Chaos　卡俄斯

Χάρις Charis Charis　卡里斯

Χάριτες Charites Graces　卡里忒斯 / 美惠三女神

Χείρων Chiron/Cheiron Chiron　喀戎

Χρυσάωρ Chrysaor Chrysaor　克律萨奥耳

Ω

Ωκεανός Oceanos Oceans　奥刻阿诺斯

Ὧραι Horae Horae　荷莱 / 时序三女神

Ὠρίων Orion Orion　奥里翁

（张鑫、玛赫更里　编）

跋"古代世界的诸神与英雄"

"古代世界的诸神与英雄"主编苏珊（Susan Deacy）教授，欣然为中文版专文序介丛书缘起，她撰写的"前言"始于这样一个问题："什么是神？"说的是公元前6世纪古希腊抒情诗人西摩尼德斯（Simonides of Ceos）如何受命回答这个问题。故事源自西塞罗《论神性》（*De Natura Deorum*, 1.22）：对话中，学园派科塔（Gaius Cotta）愤而驳斥伊壁鸠鲁派维莱乌斯（Gaius Velleius）"愚蠢的"神性论说，认为就"神的存在或本质（quid aut quale sit deus）"而言，他首推西摩尼德斯；而向诗人提出"什么是神"的人，正是叙拉古僭主希耶罗（tyrannus Hiero）；就此提问，诗人再三拖延，终于以"思考越久事情就越模糊"不了了之；按科塔的说法，"博学和有智慧（doctus sapiensque）"的诗人，对回答僭主的问题感到"绝望（desperasse）"。

启蒙哲人莱辛（Lessing）称抒情诗人西摩尼德斯为"希腊的伏尔泰（griechischer Voltaire）"，想必因为"西摩尼德斯与希耶罗"的关系有似于"伏尔泰与腓特烈大帝"。1736年，伏尔泰与尚为王储的腓特烈首次书信往还：当年8月8日，腓特烈致信伏尔泰，说他正在将沃尔夫（Chr. Wolff）的文章《对上帝、世界和人类灵魂及万物的理性思考》（"Vernünftige Gedanken von Gott, der Welt und der Seele des Menschen, und allen Dingen überhaupt"）译成法语，一俟完成就立刻寄给伏尔泰阅正。如此，直至1777—1778年间最后一次书信往还，上帝或神学政治问题，一直是两者探讨的重要主题。

尤为值得一提的是，1739年王储腓特烈写成《反马基雅维利》（*Der Antimachiavell*），伏尔泰超常规全面修订，让这本书的作者成为"公开的秘密"，其核心主题之一也是"神学政治论"。譬如，"第六章：君主建国靠的是他的勇气和武器"中，腓特烈或伏尔泰认为，马基雅维利将摩西（Moses）擢升到罗慕路斯（Romulus）、居鲁士（Cyrus）和忒修斯（Theseus）等君主之列，极不明智；因为，如果摩西没有上帝的默示，他就和悲剧诗人的"机械降神"没有两样；如果摩西真有上帝的默示，他无非只是神圣的绝对权力的盲目的奴仆。如果所有神学政治问题都可以还原到"什么是神"，既然从古代城邦僭主到近代开明专制君主都关注这个问题，"什么是神"的问题必定攸关其僭政或专制主权。

中华儒学正宗扬雄《法言·问神》开篇"或问'神'。曰：'心'"。用今人的话说，就是"有人问'什么是神？'答曰：神就是'心'"。中国先哲就"什么是神"设问作答毫不含糊隐晦，与古希腊诗人西摩尼德斯"绝望"差别大矣哉！扬雄有见于"诸子各以其知舛驰，大氐诋訾圣人，即为怪迂"，"故人时有问雄者，常用法应之，撰以为十三卷，象《论语》，号曰《法言》。"(《汉书·扬雄传》)正因孔子"无隐尔乎"(《论语·述而》)，扬雄效法圣人自然直言不讳："潜天而天，潜地而地。天地，神明而不测者也。心之潜也，犹将测之，况于人乎？况于事伦乎？"就"问神"卷大旨，班固著目最为切要："神心㿞恍，经纬万方，事系诸道德仁谊礼。"（《汉书·扬雄传》）可见，中国先哲认为，"神"就是可以潜测天地人伦的"心"，这既不同于古希腊诸神，更不同于犹太基督教的上帝。

以现代学术眼光观之，无论《荷马史诗》还是《旧约全书》，西方文明的源始文献就是史诗或叙事，其要害就是"神话（mythos）"。虽然在《牛津古典词典》这样的西方古典学术巨著中竟然找不到"神话"词条（刘小枫《古希腊"神话"词条》），作为叙事的"神话"终究是西方文明正宗。西北大学出版社鼎力支持编译"古代世界的诸神与英雄"丛书，正是着眼全球文明互鉴，开拓古代神话研究的重要举措。

黄瑞成

癸卯春末于渝州九译馆

谷雨改定

著作权合同登记号：陕版出图字 25-2020-191
图书在版编目（CIP）数据

狄奥尼索斯 /［英］理查德·西福德著；朱生坚译.—西安：西北大学出版社，2024.5
（古代世界的诸神与英雄 / 黄瑞成主编）
书名原文：Dionysos
ISBN 978-7-5604-5348-4

Ⅰ.①狄… Ⅱ.①理… ②朱… Ⅲ.①神 — 研究 — 古希腊 Ⅳ.① B933

中国版本图书馆 CIP 数据核字（2024）第 079312 号

Dionysos, 1 edition By Richard Seaford/9780415324885
Copyright © 2006 by Routledge
Authorized translation from English language edition published by Routledge, an imprint of Taylor & Francis Group LLC; All Rights Reserved.
本书原版由 Taylor & Francis 出版集团旗下 Routledge 出版公司出版，并经其授权翻译出版。版权所有，侵权必究。
NORTHWEST UNIVERSITY PRESS Co.,Ltd. is authorized to publish and distribute exclusively the Chinese (Simplified Characters) language edition. This edition is authorized for sale throughout Mainland of China. No part of the publication may be reproduced or distributed by any means, or stored in a database or retrieval system, without the prior written permission of the publisher.
本书中文简体翻译版授权由西北大学出版社有限责任公司独家出版并仅限在中国大陆地区销售。未经出版者书面许可，不得以任何方式复制或发行本书的任何部分。
Copies of this book sold without a Taylor & Francis sticker on the cover are unauthorized and illegal.
本书贴有 Taylor & Francis 公司防伪标签，无标签者不得销售。

狄奥尼索斯

［英］理查德·西福德 著　朱生坚 译

出版发行：西北大学出版社
（西北大学校内　邮编：710069　电话：029-88302621　88303593）

经	销：全国新华书店
印	装：西安奇良海德印刷有限公司
开	本：787mm×1092mm　1/32
印	张：9.25
字	数：160 千字
版	次：2024 年 5 月第 1 版
印	次：2024 年 5 月第 1 次印刷
书	号：ISBN 978-7-5604-5348-4
定	价：68.00 元

本版图书如有印装质量问题，请拨打电话 029-88302966 予以调换。